1年生のクラスをまとめる60のコツ

著
樋口万太郎

東洋館出版社

「クラスをまとめる60のコツ」シリーズ刊行にあたって

本書を見つけていただき、ありがとうございます。

本書を手にとっていただいたということは、何かしらの悩みをお持ちなのでしょう。もしくは、はじめて持つ学年で不安がいっぱいなのかもしれませんね。

本書は、「これをすればうまくいく！」という強いメッセージを持った本ではなく、心がスッと楽になるような、手元に置いておきたくなるような本を目指しました。悩みや不安があると、つい「これをすればうまくいく！」といった本を買ってしまいがちです。そのような本をヒントに、目の前にある悩みや不安を解消しようとします。

気持ちはとてもわかります。私もそうでした。

もちろん、本書でも「これをすればうまくいく！」といったことは書いています。

でも、本通りにしたけれど、うまくいかなかったということはありませんか。

それは目の前にいる子どもの実態や、先生自身のステータスが異なっているといった様々な理由から同様のことはできないのです。

そこで本シリーズでは、実際に執筆した先生たちのエピソードを入れました。それらのエピソードは、先生たちが実際に感じた失敗や困難、時には迷いや葛藤といった感情をリアルに伝えています。そして、そこから学んだことや次に向けた前向きな姿勢も含まれており、読む方に「私も大丈夫」と思っていただける内容になっています。

また、本書では、日々の授業や子どもたちとの関わりを通じて感じる喜びや、成長の瞬間にも焦点を当てています。教師としての役割や使命感に加え、日常の中で感じる小さな達成感や共感の場面を通じて、教育の奥深さを再確認してほしいと願っているのです。

ぜひ、本書を通じて、あなたが日々の実践に役立つヒントや気づきを得られることを願っています。教師という仕事における不安や悩みが少しでも軽くなり、子どもたちと向き合う毎日が、さらに充実したものになることを心から願っています。

本書は「教壇に立つあなたに伝えたいこと」シリーズの姉妹本になります。そちらのシリーズもあわせてお読みください。

樋口万太郎

はじめに

本書を手にとっていただき、ありがとうございます。

本書を手にした方は、きっと1年生の子どもたちと真摯に向き合い、どのように指導すればよいのかを模索しているのではないでしょうか。

1年生は、初めての学校生活を迎える子どもたちにとっても、そして指導する先生にとっても特別な一年です。先生方が子どもたちにどのように寄り添い、導いていくかが、その後の学びや成長に大きく影響します。

1年生の指導において最も大切なポイントは、

「指導者であるあなたが、1年生の子どもたちをどのように捉えているか」

ということです。この捉え方が、子どもたちとの関わり方や接し方、指導の方向性に大きく影響します。1年生はまだ幼く、学校生活そのものに対して好奇心や不安が入り混じった状態でいます。だから、子どもたちをどう理解し、どうサポートするかが、指導の成否を左右すると言っても過言ではありません。決して、「1年生は宇宙人」ではありません。

1年生にとっては、学校生活のすべてが新しい学びです。教室に入り、席につくこと、先生の話を聞くこと、友達と協力すること……。こうした一つひとつが、彼らにとって大きな挑戦です。このような子どもたちの姿を、「何もわからない」ではなく、「まだ知らないだけ」と受け止めることが大切です。

先生がどのような視点で彼らを見つめ、どのようにサポートするかによって、1年生は安心して学びを広げ、自信を持って学校生活に馴染んでいくことができます。

本書では、1年生の子どもたちに寄り添うための具体的なアプローチや、日々の指導の中で役立つ工夫を紹介しています。また、1年生の視点に立って、彼らの感じ方や考え方を理解するためのヒントも盛り込んでいます。

本書を通じて、1年生がただ「幼い存在」ではなく、無限の可能性を秘めた成長途上の存在であることを再認識していただければ幸いです。本書が、皆さんと1年生との新しい出会いをより豊かなものにしてくれる一助になりますように。

樋口万太郎

目次

第2章 1年生のクラスをまとめるコツ 31

第1章

1年生の指導のポイント

1年生の指導のポイント

子どもたちと様々なチャレンジをしよう

1年生の最大の指導のポイントは、

指導者であるあなたが、1年生の子どもをどのように捉えているか

ということです。捉え方によって、子どもへの接し方や指導の仕方が変わってきます。

私はこれまで1年生に関わる様々な本で、

「1年生は宇宙人ではない。そのようなことを言う先生が宇宙人だ」

ということを主張してきました。

どんなにお世話になっている人でも「1年生は宇宙人」というような発言を聞いたときに

は、とても残念な気持ちになります。保護者の皆さんは、自分のわが子が「宇宙人」と言われていて、どんな気持ちになるでしょうか。

1年生が宇宙人と言われる理由として、

- 先生が予想していない言動を毎日のようにしてしまう
- 指示や説明が子どもたちになかなか通じないときがある

といったことから、

人間の指示や説明といった言葉がわからない＋予想だにしない言動をする＝宇宙人

という構図が成り立ってしまうのでしょう。

でも、教師視点から子ども視点に変えてみると、

- 私たち子どもの言動を先生は理解してくれない
- 私たちの言動を受け入れてくれない
- 指示や説明が何を言っているのかわからない

といったように、子どもからすると、**先生である大人の方が宇宙人**というように捉えているかもしれません。

子どもに対して、「宇宙人」と総称することは簡単です。しかし、総称する前に、

- 予想していない言動を、まずは受け入れようとしましたか
- 予想していない言動を、理解しようとしましたか
- 予想していない言動について、子どもに何度も説明をしてもらいましたか
- 子どもたちが指示を、理解できるような工夫をしましたか
- 子どもたちが説明を、理解できるような工夫をしましたか
- 子どもたちが指示や説明を、理解できるような環境を整えましたか

我々大人には、もっとできることがあるはずです。そして、**1年生の子どもたちは何もできない存在**という認識を変えましょう。

1年生の子どもたちは、小学校では一番下の存在ですが、小学校に入る数週間前までは、幼稚園や保育園で一番年上の存在だったのです。幼稚園や保育園の中では頼られていた存在だったはずです。

もちろん、1年生の子どもはできないことも多いです。皆さんも小学校の先生になりたて

の頃は、できなかったことや失敗したことが多くあったでしょう。人は誰しも、新たな環境ではわからないことやできないことはある、ということです。1年生でも同様のことが多いのです。

そして、1年生の子どもたちは、**カラカラのスポンジ状態**でもあります。水を与えていくとどんどん吸収していきますし、自分たちで水を吸収しようとします。

だから、

- どんどん子どもたちと、様々なことにチャンレンジをしていってください
- たくさんの成功と失敗をしてください
- 子どもたちと一緒に、たくさん笑ってください
- 子どもたちと一緒に、たくさん喜んでください
- 子どもたちと一緒に、たくさん悩んでください
- 子どもたちと一緒に、たくさん悔しがってください
- 子どもたちと一緒に、悲しんでください。

これは1年生の担任だからというわけではありませんが、

先生というのは、決して神様のような完璧な存在ではありません。失敗もする一人の人間

なのです。

先生の人間味溢れる泥臭い一面を子どもたちに見せることも、デジタル社会の今だからこそ必要なことではないかと考えます。

完璧を追い求めるのをやめよう

小学校の先生を見ていると、完璧を追い求め過ぎている人が多いように感じます。そして、それを子どもにも求めてしまっているように感じます。

完璧を追い求めることはよいことですが、それによって先生自身が苦しんでしまっている、そして子どもが苦しんでしまっている状況を見かけることがあります。

その結果、先生も子どももなんだか居心地の悪さを感じているような雰囲気の学級を見かけることがあります。

完璧を追い求めるのをやめましょう。

基礎・基本ができるようになってから発展・応用という話を聞くことがありますが、**この話こそ、完璧を追い求めた結果のマイナスな発想**になっています。

この話は基礎・基本を完璧にしないと、次の段階の発展・応用には行けないということです。これは一方通行な発想です。

なかには、1年生は発展・応用ではなく、基礎・基本ばかりをした方がよい、基礎・基本だけでよいという一方通行にすらなっていない考えの人に出会うことがあります。

そうではなく、

基礎・基本が完璧でなくても発展・応用へ行き、発展・応用をしていく中で、基礎・基本も鍛えていく

という一方通行ではなく双方向的な発想を持ってください。

基礎・基本が大事ということには異論はありません。基礎・基本の鍛え方は双方向で鍛えていきましょうということです。

1年生の子どもたちはできないことが多いです。また、一人ひとりできること、知らないことの差が多いです。それがすべてできるように、知っているようにした状態で次の段階でということになると、**永遠に次の段階に進むことができない**でしょう。1年生は失敗ばかりです。でも、その何度も繰り返す失敗の経験により、いつかできるようになります。

進むことがなかなかできなくなると、我々はイライラしてしまいます。

私の感覚でいうと、「六、七割以上できると次の段階に進んでもオッケー」と考えています。

この六、七割という感覚はクラス全体に対してだけでなく、その子の個人内に対しても言えることです。1年生の子どもたちは失敗を恐れずにどんどん挑戦していきます。どんどん挑戦させていきたいものです。

逆に、三、四割しかできていないときには、絶対に次の段階へは進みません。しっかりと基礎・基本を身に付けさせるようにします。

また、完璧を追い求めたとき、**誰にとっての完璧の基準**になっているでしょうか。子どもたちにとっての基準になっていますか。あなたにとっての基準になっていませんか。

1年生の子どもたちが表現するものは、大人の基準にすると未熟なものばかりです。しかし、その子にとっては一生懸命に表現したものであり、個性豊かなものばかりです。

我々がどちらの基準を持っているかによって、我々の意識が変わり、子どもへの指導が変わってきます。あなたにとっての基準になっているとき、他者から見られたときの評価などを気にしていませんか。

あなたの基準よりも子どもの基準で、その子が完璧と思うまでやりきらせることが大事です。自分の力ではやりきることができない子どももいます。そういった子たちがやりきれるようにサポートしていくことが、我々に求められることです。

また、子どもにとっての基準で完璧だと子どもたちが思ったものの、まだまだ不足していることや改善点などもあるでしょう。そういった場合は、その不足分が埋められるような、改善点がよくなるようなサポートが我々に求められることです。

そして、あなたにとっての完璧の基準とその子にとっての完璧の基準を、擦り合わせておくことも大切です。

完璧を追い求めることをやめませんか。その代わりに、あなたが大切にしたいことの軸を持ってください。その軸をもとに指導をしてください。

意識を変えないとどうなるのか

このような意識へとチェンジしないと、子どもを叱ってばかりの日々になってしまうおそれがあります。その結果、イライラする日々を送ることになり、全く楽しくもない日々になります。最終的には、

自分はこれだけ頑張っているのに、どうして子どもたちはできないんだ!

という危険な思考になってしまうかもしれません。

1年生を初めて担任したとき、私は子どもたちを叱ってばかりでした。そんな私が二回目、

三回目と担任をするようになり、意識が変わってきました。

……実はここまでに書いていることは、私自身がやってきたことです。反省ばかりです。

皆さんは、「しくじり先生　俺みたいになるな!!」という番組を知っていますか。私の大好きなオードリーの若林正恭さんがレギュラー出演されています。

この番組は「人生を盛大にしくじった人から『しくじりの回避法』を学ぼう！」というコンセプトをもとに、「しくじり先生」が「自分の言動の問題点と教訓」を紹介することで、自分と同じ失敗を他人が犯さないことを目指しています。

ここでのポイントは、ただ単にしくじりや失敗談を紹介するだけでなく、

- **自分と同じ失敗を他人が犯さないようにする**
- **そのために、自分の言動の問題点と教訓を伝える**

です。そこで、本書もこのコンセプトを意識して述べています。特に第2章は、私のこれまでに経験してきたエピソードをもとに紹介しています。六十の項目には、私の実際の失敗談やしくじり話がかなり含まれています。

そうすることにより、皆さんに**教訓というの名のポイント**を伝えられればと考えました。第

2章で紹介している失敗談やしくじりの話は、その後すべてにフォローをしています。家庭に連絡を入れたり、本人と話をしたりと、その子たちを悲しい思いのままで終わらせていません。

一人ひとり違う表現を見せてくれる1年生

「おはよう！　マンタ君！」と言って、毎朝のように私のお腹を触ってくる子がいました。

「おはよう！　マンタ君！」と言って、私の頭を触ってくる子がいました。

「おはよう！　マンタ君！」と言って、ハイタッチしようとする子がいました。

「おはよう！　マンタ君！」と言って、私の方に向かって走って、お腹にドンッとぶつかる子がいました。

「おはよう！　マンタ君！」と言って、手を振る子がいました。

「さようなら、マンタ君」と必ず全体で挨拶をした後に、私のところに来て挨拶をする子がいました。

「さようなら、マンタ君」と言って、毎日手紙を渡してくれる子がいました。

「さようなら、マンタ君」と言って、ウインクをして帰っていく子がいました。

「おはよう、さようなら」とはなかなか言えないけれど、お辞儀をして帰っていく子がいました……。

子どもたちそれぞれには様々な表現の仕方があります。ここに書いた以外にも、様々な表現を見せてくれます。1年生の先生たちには、そんな一人ひとり違う表現の仕方を楽しんでほしいと願っています。すべての表現を統一しようとすると、一人ひとり違う表現を見ることはできなくなります。

表現の仕方によっては、相手に嫌な思いをさせてしまうこともあるということは、しっかりと伝えておきます。

例えば、「お腹にドンッとぶつかる」ことは人によって嫌な思いをします。妊婦さんにしてはいけません。とはいっても、子どもたちは案外相手のことを考えた上で行動していることも多いです。こういった表現は他の先生にはしなかったことです。いわば、

- **甘えている自己表現**
- **一種のコミュニケーション**

というようにも捉えることができます。

一方で、子どもたちの中には必要以上に身体的接触をしてくる子がいます。身体的接触を

することにより安心感を持つのかもしれません。しかし、子どもたちには「基本的には触らないこと」を伝えます。

それでも直らなかったり、過度な接触が続いたりする場合は、「触るのをやめなさい。とても不愉快です」としっかり言い、改善させていくことも大切です。

1年生だから許される、○○さんだから許される、△△だからということは基本的にはないと考えています。

どのようなことでも、

社会の中で生きる人間としてその言動はどうなのか

ということを子どもたちに教えることが大事だと考えています。「ダメなことはダメ」「よいことはよい」ということです。

1年生の子どもたちは、なかなか自分のことが相手にわかってもらえないという理由でトラブルになることが多いです。その結果、手が出てしまうことはあります。暴言を吐いてしまうことがあります。

- **本当に伝えたかったことは何か**
- **わかってほしいことは何か**

といったことはトラブルが起こったときには聞く必要があります。そして、それを相手に伝え、考える必要はあります。

だからといって、手が出てしまうことがよいという理由にはなりません。暴言を吐いてよいという理由にはなりません。

手が出てしまうこと、暴言を吐いてしまうということはダメなのです。社会の中で生きていく上では通用しないのです。しっかりとそういうことを1年生の子どもにも伝えることが大事です。

このように指導しても、すぐには改善されないことでしょう。強い口調で叱ったからといって、すぐに改善はされないことでしょう。でも、**少しでも改善されるように一年間かけて、根気強くその子と接していく**という覚悟が求められます。

本章の冒頭で私は、「1年生は宇宙人」というような表現をする先生がいるということを書きました。そのような表現をする先生は、このような根気よく長期的に指導することを諦めているることを意思表示してしまっているようにも思えてしまいます。

1年生の担任をしていてよかったというエピソード

入学式の初日は、アイドルになったかのように写真撮影をお願いされます。私も桜の木の下で、教室の黒板の前で、校門前でこれまで何度も写真を撮ってきました。入学式までの日々で疲れていることでしょう。明日からが本格的なスタートです。入学式の日はしっかりと休んでください。

さて、ここでは入学式にまつわる、1年生の担任をしていてよかったというエピソードを紹介します。

1年生で担任した子たちが6年生になり卒業式を迎えました。卒業式が終わり、子どもたちが校庭で写真を撮っているときに、1年生で担任した子の保護者が私のところにやってきて、

「先生、入学式で写真を撮ったことを覚えていますか？　あのときと同じ場所で同じポーズで写真を撮ってくれませんか？」

と当時の写真を持ってきて、提案してくれたのです。

なんだか胸が熱くなりました。

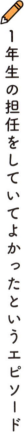

最近の言葉を使うと、「エモい」ということでしょうか。

実際にその場所に移動し写真を撮ったときには、なんだか入学式の日のことを思い出したり、六年間のその子の成長を実感したものでした。

結局、その様子を見た他の保護者と子どもたちもやってきて、入学式の日に撮った場所で何枚も写真を撮りました。教師をやっていてよかったなと実感しました。

入学という始まりのよさを味わうことができ、学校に長い年数いることができれば、その子の卒業までの年月を知ることができます。

1年生の担任が終われば、子どもたちとの関係が切れるわけではありません。子どもたちとさよならではありません。

子どもたちのこれからの小学校生活の中で、委員会活動やクラブ活動などの様々な場面で、担任ではない様々な形で関わることができるのです。もちろんそのときの担任の先生を差し置いて、指導をしていくということはありません。

しかし、相談役であったり、ダメなことをしているときには叱ったり、頼ることができたりすることができます。そういう楽しみがあるのです。

1年生の子どもたちの特徴

1年生の子どもたちは、

「（先生や友達に）自分のことを話したい」

「（先生や友達ではなく）自分がやってみたい」

「（友達の作品ではなく）自分の作品を見てほしい」

「（先生や友達の話ではなく）自分のことを聞いてほしい」

「（友達のことではなく）自分のことを最初にしてほしい」

といったように、自分が主語の活動を行いたい年頃です。他者のことをより思い、行動できるようになるのは、もう少し先の話です。


1年生の子どもたちは、自分から近い範囲で活動を行っています。

それが、その子に見えている世界なのです。

それが、その子にとっての世界なのです。

大人からしたら、とても狭い世界なのです。

そのため、1年生の言動は一見すると、「わがまま」のように捉えられてしまいます。しかし、子どもたちはわがままな言動をしようとは思っていません。自分のとても狭い世界の中で判断していることだから、わがままな言動のように見えるのです。決して、わがままではありません。

子どもたち一人ひとりに正義があるのです。そうではなく、そういうふうに見える年代なのです。

ある意味、正直なのです。好きなことは好きだし、嫌なことは嫌ということをストレートに言ってしまうのです。

ストレートすぎて、喜びを爆発させるのです。

ストレートすぎて、一生懸命なのです。

ストレートすぎて、人を傷つけてしまうことがあるのです。

ストレートすぎて、相手を怒らせてしまうのです。

ストレートな気持ちを受け止め、しっかりとまわりと調整させていく。その役割こそが1年生の先生に求められていることです。

過保護な教師になるな

皆さん、このような保護者はどう思うでしょうか。

- 子どもが何かしようとしたら、すぐ失敗しないようにサポートをしようとする
- 子どもが何かしようとしたら、すぐに軌道修正させようとする
- 子どもが何か悩み始めたら、すぐにアドバイスをする
- 子どもが欲しいものは、何でも買ってしまう
- 子どもがしてほしいことは、すべてしてしまう
- 子どもがするのではなく、保護者がすべてをしてしまう

過保護、甘やかし、過干渉だなと思いませんか。これでは子どもたちの成長を妨げてしまうと思うのではないでしょうか。

こういった過保護、甘やかし、過干渉を私たち、教師がしてしまっていることがあります。

1年生の担任の先生方を見て、過保護だなと思うことがあります。

そういったときは、

- 時間がない
- 失敗したら可哀想
- 子どもにさせると時間がかかる

などの理由で過保護、甘やかし、過干渉をしてしまっています。

例えば、

- ノートを使うことに時間がかかるので、ワークシートを使う
- 字を書くことに慣れていないから、字を書かせる活動をやめる
- 子どもが間違っていることをしていると、すぐに直そうとする
- 子どもたちが失敗しないように、たくさん準備をする
- 子どもがするのではなく、先生がしてしまう

といったことはしていませんか。

このようなことを決してするなという話ではありません。

このようなことを**ずっとするのはやめましょう**ということです。

1年生は六年間で一番時間があると考えています。1年生だからこそ、たくさん試行錯誤させる時間、失敗をさせる時間を設けていきましょう。

第2章

1年生のクラスをまとめるコツ

1

三月の字から感じる成長

四月に、お手本を見ながら自分の名前を一枚の紙の右側に書く。そして、1年生が終わる三月ごろに、その紙の左側に改めて自分の名前を書く。

こういった、一年間単位の実践を行う学級は多いことでしょう。

どの子も四月の字と三月の字は違います。三月に紙を配ったとき、自分の四月の字を見て、子どもたちは「自分の字がへたくそ！」「こんな字だったの？」「絶対今の方が上手に書ける」といったことを言い、教室がざわつきます。なかには、四月に書いた字を他の子に見られたくないと、筆箱で隠すような子もいます。

実際に書いてみて、「ほら、やっぱり今の方が上手に書けたよ」という声が、方々から聞こえてきます。

このようなことを子どもが言うということは、

- **自分の成長を子ども自身が可視化することができている**
- **自分の成長を子ども自身が実感することができている**

ということになります。だから、ただ単に取り組んで、終わりではもったいない実践なのです。

また、この実践のすごいところは、**子どもたち全員が四月よりも上手な字を書くことがで**

きるということです。

一年間で子どもたちは、様々な教科でひらがなやカタカナを書きます。その経験から、技術が向上しているということです。

ただ、「ほら、やっぱり今の方が上手に書けたよ」と言っている子の字が、お世辞にも上手とは言えないこともあります。もしかしたら、まだ鏡字を書いてしまっているかもしれません。当たり前ですが、子どもによって字の丁寧さは異なります。

だからといって、そういった子に「もっと字を丁寧に書くことができるよ」といったことを言うのは絶対にやめてください。

この取り組みは、三月の字の丁寧さを先生が見るという取り組みではありません。四月の字、三月の字がどうだったのかという個別の見方ではいけません。

先生も前述の子どもたちのように、成長度合いを見るという視点を持ってください。そのためには、全員を同じ基準で字の綺麗さを見るのではなく、**一人ひとりに応じた成長具合**という変化の見方で、一人ひとりの字を見てください。

前述のような個別の見方ではなく、このような見方で見ることで、その子の頑張りが見えてきます。頑張りが見えると、その子への声かけもプラスなものへと変わってきます。

この変化の見方をすることで、

「一年間で成長したな〜」

と感動すら覚えます。

変化の見方ができない先生は、「成長するのは当たり前」という思いがあるのかもしれません。決して、成長するのは当たり前のことではありません。その子の頑張り、そしてその子を指導していた先生の頑張り、保護者の頑張りがあったからこそ成長をしているのです。

その**成長を素直に喜べる、そんな資質が1年生の先生には特に求められている**ことでしょう。

どの学年もこういった変化の見方をしていくことは大切なことです。ただ、1年生の場合はこの変化が他の学年よりも顕著に表れます。乾いたスポンジのように吸収率が高いです。どんどんできるようになっていきます。

どの子も毎日成長具合は異なりますが、成長をしていきます。一年間でどのようなことができるようになったのか、三月には振り返ってみましょう。

2

とにかく視覚化する

1年生の子どもたちは、抽象的な言葉、長文は通用しません。真剣に聞いているなと思っていても聞けていないことの方が多いです。

そんなときは、視覚化して子どもたちに訴えていきます。

例えば、掃除用具入れはぐちゃぐちゃの状態ではなく、整理整頓をして片付けをしてほしいときは、**ほうきやちりとりやモップなどが綺麗に片付いている様子の写真**を用具入れに貼っておきます。

そうすることで、子どもたちはその写真を見ながら、片付けすることができます。

他にも、**登校時は教科書を入れている状態の、下校時にはからっぽ状態の**お道具箱の写真を黒板に貼っておきます。お道具箱は机の上に出しておきます。

ある年は、子どもたち一人ひとりの片方のお道具箱にからっぽの写真を貼っていました。

その年は、下校時には片方のお道具箱をからっぽにしようというルールで取り組んでいました。写真を貼っておくことで、写真が見える状態＝からっぽの状態というようなことを行っていました。

金曜日には、**上靴、体操服などの持ち帰るものの写真**を貼っておきます。そうすることで、子どもたちは先生からの指示がなくても、その写真を見ながら朝の準備をしたり、確認をしたりすることができます。

私はカメラやタブレット端末を常に持つようにしていました。そして、子どもたちが活動をしている中で、素敵な活動、クラスのために動くことができている、笑顔が溢れているときなどの様子を写真に撮っておきます。

その写真を**印刷して黒板に貼っておき、こんな素敵な姿がありました、ということを横に書いて**おきます。

子どもたちが帰った放課後に準備をしておきます。子どもたちは、朝に登校したときに見ることができます。きっと朝、どのような写真を貼っているかを楽しみに登校する子もいることでしょう。

そして、黒板に貼った写真は、そのまま教室の横や後ろなどに掲示しておきます。掲示をすることで、その学級の文化になります。

一年間続けると、その学級の歴史になります。また、参観授業などで保護者が参観に来られたときに、そういった様子を見ることができます。保護者もなんだか心が温かくなることでしょう。

学級通信にも、その写真や内容を転載することができます。

この写真を撮り、貼っておくという取り組みは、できれば毎日続けることをおすすめします。なぜなら、写真を撮ることを自分の中で義務づけておくと、**写真を撮るために子どもたちのよいところを見る**ということをするからです。

写真は当たり前ですが、マイナスな面を撮ろうとはしません。日によっては、子どもたちのことをマイナスな面で見てばっかりの日もあります。でも、この取り組みを続けていると、そんな日でも子どものよいところを見ようとするのです。

ちなみに、こういった取り組みをするときには注意点があります。

それは、**どの子も大体同じ枚数の写真を貼る**ということ。

自分ではそのような気持ちがなくても、プラスなことをしている子やよく写真に撮られる子は偏っています。

偏った状態だと、本人も「どうして私のは少ないの？」と思ったり、保護者も嫌な思いをしたりすることでしょう。どの子もたくさんのよさがあります。それを見つけ出してください。

3

子どもの失敗は悪気があるわけではない

休み時間に、子どもたちに新しいノートを配布しようと袋に入ったノートを教室に持ってきました。そんな私の様子を見て、東村さんは、「マンタ君、ノートを配るのを手伝うよ」と言ってくれました。

何冊も配ろうとしていたため、東村さんのお手伝いはとても嬉しいことでした。「東村さん、ありがとう！　とても嬉しい。じゃあ、破っといてくれる？」とお願いし、私は他のノートを取りに違う教室に行ったのでした。

事件が起きたのはその後。私が教室に帰ってくると、そこには惨劇が……。東村さんは数冊のノートの表紙を破っていたのです。その光景を見た私は「なんでそんなことをするの！」と叱ってしまいました……。

今となれば、わかります。

東村さんは別にイタズラをしようとは思っていませんでした。私のことを困らせようとは別に思っていませんでした。

東村さんは一生懸命に私のお手伝いをしてくれていたのです。

さて、皆さんはなぜ東村さんがそのようなことをしてしまったかわかるでしょうか。

私が言った「じゃあ、破っといてくれる？」という言葉が原因でした。私は、「（袋を）破っといてくれる？」という思いを伝えた言葉でした。ノートは袋に入っていたため、破らないと配ることはできません。

しかし、東村さんは「何を破るのか」がわかっていなかったのです。いや、**私が伝え切ることができずに共通認識できていなかった**ことが原因でした。

結局、予備のノートがあったため、その場はなんとかなりました。

この経験から私は、

- **具体的に話をする**
- **話す内容は一文を短くする**
- **話したことを理解できたかを確認する**（「わかった？」と聞くのではなく、「何を破るお手伝いをしてくれるの？」といったように具体的な質問をします）

ということをより心がけようとしました。

しかし、この後にまたしくじりがあったのです。新しいノートを配ったので、子どもたちに名前を書かせることにしました（これまでのノートは子どもたち一人ひとりに名前シールがあり、その名前シールを私が貼っていました。ひらがなの学習を終えた段階です）。

黒板にノートの絵を聞き、

「ここに自分の名前を書くよ。先生だったら、ひぐちまんたろうって、このように書くよ」

と例を示して、子どもたちそれぞれのノートに書かせました。

すると、「ひぐちまんたろう」と書いている子が数人いたのです。私が黒板に書いたのをそのまま写していたのです。さすがに唖然としました。これは初めてノートに名前を書かせるときのあるあるです。

私のリアクションに気づいた子も自分のミスに気づき、焦っています。別に悪気があったわけではありません。

今であれば、経験を積んでいるため、修正液などを用意して、すぐに修正し、何事もなかったようなフォローをします。でも、当時の私にはそういったフォローができませんでした。

読者の皆さんは、私のこの失敗談から、こういうこともあるんだと知ることができたと思います。こういう場面に遭遇したとき、**フォローをして、「大丈夫だよ」と言ってあげて、子どもを安心させてあげてください。**

4

抽象的な言葉は避けよう

私「どうしてちゃんと掃除をしないの？」

私「ほうきでちゃんと掃いたと言っているけれど、ゴミ残っているよ!? これではほうきで掃いたとは言えません」……。

掃除のとき、私はよく子どもたちを叱っていました。

でも、子どもたちはちゃんとしているのです。彼らは、ちゃんと掃除をしているのです。「ちゃんと掃除をしている」とは、とても抽象的な言葉です。つまり問題なのは、**どのような状態になると、ちゃんと掃除をしているのかということが、先生と子どもの間で共有されていない**ということです。

そこで、私がよくしていたのが、濡れた新聞紙をちぎって、ちぎった新聞紙を教室のすみや教室のど真ん中、先生の机の下など様々なところに撒いていました。

そして、**そのちぎった新聞をすべて教室の後ろまで掃くことができたら、ちゃんと掃くことができている**ということを共有していました。そうすることで、ちゃんと掃くことが可視化され、子どもたちにとっては具体的になり、取り組みやすくなります。

ちなみに、濡れた新聞紙はほこりをよく取り、教室がより綺麗になります。

同様にほうきの使い方は、

①長いほうきは両手で握りましょう
②ほうきを横に動かして、床をそっとなでましょう
と説明しながら、私が手本を見せていました。

その後で、実際にさせてみます。何も使い方を教えないと、ほうきをモップのように前に押し出して使う子がいます。

ちりとりの使い方は、
①ほうきで集めたゴミは、必ずちりとりで取ります
②少し斜めにして、ちりとりを床につけます
③ほうきで優しく掃いて、ゴミをちりとりに入れます
④ゴミがすべて取れない場合は、ちりとりを少し後ろに引いてから入れます
もちろん、ちりとりの使い方も手本を見せます。

「え！　①も言うの？」と思われた方もいることでしょう。言います。

以前、私はゴミはルンバとかが吸い取ってくれると言っている子に出会ったことがあります。その子にとっては、それが当たり前の光景なんでしょう。また、そもそも掃除機を使っている家庭が多く、ちりとりを見たことがない子にも出会ったことがあります。

床や机を拭く雑巾は、

- **雑巾の片面の白色部分がなくなるように**

ということをルールとしていました。

机を拭くだけでは白色部分はなくなりません。だから、ロッカーや隙間などを子どもたちは拭き始めます。

両面とすると、手で持っている方も汚れを取った後の面になり、持つことに抵抗がある子がいます。また片面にしておくことで、片面をどうにか白色部分をなくそうと積極的に取り組むことができます。

冬場には、**バケツにくむ水をお湯に変えた**こともありました。

ただですら、子どもたちは床の雑巾が好きではありません。そういった気持ちを減らすことにもつながります。

雑巾には、机を拭く用には「つくえ」と書いておき、書いていない雑巾は床を拭く用というルールも作っていました。

できる限りの可視化をしておくことで、先生たちの曖昧な指導を減らしていきたいものです。

5

「元気です！」を言い直させるな

先生「河田さん」
河田「はい、元気です」
先生「河田さん、元気ありませんね。もう一度やり直しましょう」
河田「はい、元気です‼」

右のように、言い直させる指導を見たことがありますが、これは無意味です。
なぜなら、子どものことを把握することができる機会を失っているからです。
私はいつも、**前日の声と今日の声を比較する**ようにしていました。
例えば、昨日よりも元気がないような声だとすると、そこから、

- 何か家庭であったのかな
- 友達と何かあったのかな
- 体調が悪いのかな

といったように予想し、今日一日重点的にその子のことを見るようにします。
こういった心配が杞憂に終われればいいのですが、そうでない場合はしっかりサポートすることができます。

6

見落としを防ぐ！ 連絡帳の確認法

四月は連絡帳の嵐です。朝、教室に来たときに、机に連絡帳がたくさん置かれており、「はぁ……今日もか……」とテンションが下がることがあります。これはつまり、返信をたくさん書かないといけないということです。猫の手も借りたいほどです。

さらに、四月の給食が始まるまでは、子どもたちは早い時間に下校します。そして、子どもたちもまだ学校に慣れていないため、細かな対応が必要になります。つまり、とにかく連絡帳の返信の時間を確保することがとても難しいのです。

なんとか隙間時間をつくって、返信を書くようにしたいところですが、転勤すぐに1年生担任になったり、返信する内容に不安があるときには、無理に書かないことをおすすめします。返信したことに誤りがあったりすると、保護者の不信感につながりかねないからです。

こういったときには、**「後ほど電話連絡いたします」**というように書いておきましょう。長文を書くには時間がないというときにも、このように書いておきます。

そして、同僚に聞いたり、資料で調べたりして、不安を解消した状態で家庭に電話連絡を入れます。相談したいようなことは、コピーをとっておいたりします。

1年生を初めて担任したとき、何度声をかけても連絡帳を出すことを忘れる濱岸さんがいました。

ある日、「先生はどうして連絡帳を見てくれないのですか」と、濱岸さんの保護者からお怒りの電話がありました。私は、毎日保護者が連絡帳に何かを書いていないかを、子どもたち自身で確かめる時間を朝の時間に設けていました。濱岸さんも毎日自分で連絡帳を開いて確認をして、「何も書いていない」と判断していたのです。後日、保護者から「うちの子がすみませんでした」という連絡がありました。

四月の子どもたちは、連絡帳を提出しないといけないという習慣がまだまだできていません。だから、四月は、

①朝に、子どもたちの机の上に連絡帳を出させる。私がグルグルと歩き回り、確認してハンコを押し、ハンコを押された子どもから連絡帳を机の中にしまう

ということを行っていました。

最初は全員の連絡帳を提出させてチェックするという方法もありますが、連絡帳を開いたり、集めたりすることにどうしても時間がかかってしまいます。そのため、①のような方法に取り組んでいました。

この段階に慣れてくると、次の段階として、

②子どもたちに、それぞれ連絡帳を開かせる。そして、その場から先生にページを見せる。

何も書いていない子の名前を呼び、連絡帳をしまわせていく。それ以外の子の連絡帳を集める

ここまでして、連絡帳という意識づけをしておきます。その上の段階で、

③連絡帳ボックスを作っておき、連絡帳に何か書いている子は提出をする

というようにします。

保護者からの連絡帳は、決して先生へのクレームではありません。**関心の表れ、もしくは保護者も心配している姿**なのです。

初めてわが子を小学校に入れる家庭は、小学校のことが何もわかりません。だから、知りたいのです。でも、保護者によっては、「こんなこと学校に連絡をしていいのかなあ……」と思っている保護者が一定数います。

だからこそ、入学式で保護者の皆さんに、**「遠慮なく不安なこと・わからないことはご連絡ください」**と宣言しておきます。

宣言したからには一つ一つ対応していきます。ここで丁寧に対応しておくことで、担任の先生の信頼度がとても上がっていきます。

7

学級のシステムはシンプルに

二人一組で日直をさせていました。

日直の仕事は、

- 朝の挨拶
- 各時間の号令
- 給食の「いただきます」と「ごちそうさま」
- 帰りの挨拶

といった、挨拶に関わる仕事を行うようにしていました。「挨拶」だけであれば、子どもたちはすぐに役割を覚えることができます。

挨拶も1年生によくあるような、「い〜ま〜から、いち〜じか〜んめ〜の〜……」みたいなダラダラした言い方はさせません。

「今から一時間目の学習を始めます」ということをスラスラ、はっきり言わせるようにしていました。**最初はダラダラした言い方をしてしまいがちですが、何度も経験をさせていると言える**ようになってきます。

子どもたちは普段の会話では、ハキハキ、スラスラとしゃべっています。だから必ず言えるようになります。

朝の会は、

- 朝の挨拶
- 健康観察
- スピーチ
- 先生からの連絡

といったことを十分間以内で行っていました。

帰りの会は、

- プリント配布
- 連絡帳

のみでした。実質帰りの会はないようなものでした。

1年生であっても、最近の1年生は様々な習い事をしていたり、用事があったりと忙しいものです。そして、帰りの会で絶対にしなかったことは、

- 今日の素敵な人

を言い合うようなことでした。なぜしないかと言うと、**素敵な人がいつも一緒になる可能性**

があるからです。

一緒になるということは、「私は今日もなかった……」というようになるからです。それを防ぐために、全員が素敵な人になるようにすることで、今まで見えていなかったことがわかるといったことがあるかもしれませんが、無理やり探そうとするというのはどうでしょうか。

子どもたちにとって、ビッグイベントである席替えは、**日直がクラスで一周したタイミング**で行っていました。

このように、**シンプルなシステムにしておくことで、子どもたちも覚えやすく、取り組みやすくなります。**

ちなみに席替えは、一学期は教師主導（事前に私が座席を決めていました）で行っていました。二学期以降は、座席が前の方がよい子などを配慮した上で、あみだくじで行っていました。

このあみだくじも本当にランダムということもあれば、実は番号を書いておらず、あたかもその番号かのように、事前に考えていた座席配置を子どもたちに伝えているときもありました。クラスの状況によって変えていました。

8

子どもたちとの合言葉を作ろう

「いかのおすし」という言葉を知っていますか。これは、「いか」ない、「の」らない、「お」おごえを出す、「す」ぐにげる、「し」らせるという言葉の頭文字をとった、子どもに対して被害防止を呼びかけるための用語になります。こういった合言葉は、子どもたちは覚えやすいです。そこで、学級でもこのような合言葉を作り、先生と子どもたちが言い合うことで様々な指導をすることができます。

①お口ミッフィー

私「今はお話をすることはやめましょう。お口は？」
子どもたち「ミッフィー！」
そう言って人差し指を×にして口に持っていきます。

②背中ピーン

私「背中」
子どもたち「ピーン」
そして背筋を伸ばします。顔と机の距離が近いときに使います。

③机と目はパー二個分

これも顔と机の距離が近いときに使います。

私「机と目は？」

子どもたち「パー二個分」

そう言って、机と目の間の距離を手をパーにした状態二個分で距離を作らせ、距離を空けさせます。

④鉛筆を持つときはオッケー

鉛筆の持ち方が乱れているときは、

私「鉛筆を持つときは、指は？」

子ども「オッケー」

と言い、指でオッケーを作らせ、その0を作っている親指と人差し指で鉛筆を持たせます。

そして、残りの指は添えさせます。

⑤ビシッ！

ビシッと挙手をさせたいときには、

私「お話ししてくれる人。手は？」

子ども「ビシッ」

すると、ビシッと手を挙げる子が増えます。

⑥机の上はキレイキレイ

私「机の上は？」

子どもたち「キレイキレイ」

そう言って、机の上を綺麗に片付けるように促します。これは全員の子どもたちが綺麗になるまで「机の上は？」「キレイキレイ」を繰り返して行っていきます。

ただ、こういった合言葉は**連発すると逆効果**になります。特撮のヒーローも三十分番組で何度も必殺技を繰り出しません。ここぞというときに、使います。同じように、授業でもここぞというときに使うことが有効です。

9

登下校は子どもたちにとっては大冒険

「先生、うちの子がまだ学校から帰ってきていません」

放課後に家庭から、このような電話がかかってくるときがあります。四月であれば、学校から家までの道のりをまだ覚えていない可能性があります。すぐに、地域を捜索したこともあります。

多くの場合は、数分後家庭から「帰ってきました！」と連絡があります。このような電話があったとき、どうせ数分後帰ってくるでしょうと動かないのではなく、捜索をする必要があります。**捜索が無駄になることがよいこと**なのです。

1年生の子どもたちは、**学校から家までの道のりは、子どもにとってはRPGのように冒険に出ているような感覚がある**のかもしれません。

だから、寄り道をしてしまい、帰宅するのに時間がかかってしまいます。道端に昨日まではなかった花が咲いていただけで大事件なのです。探索をしたくなります。気持ちはよくわかります。

しかし、寄り道などをすることは、安全面としてはダメなことです。

「おうちの人が心配をする」といったことをはじめ、「みんな、あなたのことを心配していた」といったところから安全面についてしっかり話をしておきましょう。

10

膝の上に子どもを乗せるな

「マンタ君～」と言って、膝の上に乗ってこようとする加藤さんがいました。その都度、「加藤さん、ごめんね。膝の上には乗せることができないの」と言っていました。すると、加藤さんは「ケチ！」といつも言っていました。

これは加藤さんだから膝の上に乗せないのではなく、どの子もそうです。

1年生の子どもたちは、身体的距離がとても近いです。近いというより、身体的距離という概念がないのかもしれません。丸つけをしているときに、私の顔の真横に顔を至近距離で持ってくる子もいたりします。抱きついてこようとする子もいます。

私は意図的に、

- **身体的距離を一メートルくらい空けたり**
- **むやみに身体的接触をしたりしない**

ように心がけていました。

なぜなら、**身体的距離が近いことや身体的接触に対して嫌悪感を抱く子どももいる**からです。というか、他者からこのような様子を見て、

「セクハラ」

というように見受けられる可能性もあります。

家庭で、先生が〇〇さんを膝の上に乗せていたというような話をしたとき、「え？　セクハラ？」と思われる可能性がゼロではありません。特にうまくいっていない子どもの保護者だったりすると、すぐに嫌悪感を抱くことでしょう。

自分がそのように思っていなくても、他者に「セクハラ」と思われてしまってはややこしいことしか起こりません。

それでも、いまだに膝の上に乗せている先生を見かけることがあります。私からすると、**自分で火種を作ろう**としているようにしか思えません。

女性の先生だから接触してもよい、という考えの人に出会ったことがありますが、そんなことは関係ありません。男性教師は男子、女性教師は女子といった同性だからよいという理由もありません。

もし、本項を読まれている方で、これまでしてきた経験がある人は今すぐやめましょう。子どもたちが着替えをするときも、とても気を遣っています。

ＧＩＧＡスクール時代によって、教室にタブレット端末があるような環境になりました。

私は、**子どもたちの端末は机の中にしまわせたり、教師用の端末も机の中や自分の鞄の中に**

しまったりして、机の上に出しっぱなしにしないようにしていました。

端末で録画している、写真を撮っているのではないかという疑惑をなくしたいからです。もちろん最初から、録画や写真を撮ったりしようとする気持ちは全くありません。何か言われたとしても潔白です。

それでも、何か言われたり、疑惑を持たれたりすることへの対応が正直面倒くさいのです。だから、**リスクマネージメントをしている**のです。

1年生からでも、男子と女子の更衣室が別々に分かれているところは増えてきましたが、まだ一緒に着替えているクラスも多いことでしょう。

私は1年生からでも男子と女子の更衣室を別々にしてほしい人です。1年生だからしっかりと学級を見ておかないといけないでしょう、という考えを持っている人もいるかもしれませんが、ここまでに書いたようにリスクマネージメントをしたいのです。決して、子どもたちへの指導をしないというわけではありません。

こういった話は、四月や五月の学級懇談で保護者に話をすることもあります。いわば、私はセクハラをしない、疑われるようなことはしない宣言でもあります。

11

命を大切にできますか

ある日、ダンゴムシを大量に箱に入れ、教室に持ってきた平岡さんがいました。教室は大騒ぎになっていました。「教室でみんなで飼おう」というグループ、そして「外に逃がしてあげなよ」というグループに分かれていました。

実は、数日前から「ダンゴムシブーム」が樋口学級で起きていました。ダンゴムシがたくさんいる場所を見つけた子どもたちがどんどん箱に入れて、教室に持ち込んだのです。筆箱に入れている子もいました。このとき、私は子どもたちに次のように言いました。

「ダンゴムシを捕まえるのは構いません。
でも、ダンゴムシにも命があるということを忘れてはいけません。
飼うのなら世話をするということを忘れてはいけません。
お世話をすることが少しでも面倒だと考えるのであれば、外に返してきましょう」

本人たちは、命を粗末にしているという感覚はないのかもしれませんが、命あるものです。そのことを忘れてはいけません。昆虫だから何をしてもいい、というわけではありません。

こういった理由から、私は教室で昆虫を飼うことには反対の人です。このときは、話し合いの結果、教室で飼い、子どもたちは一生懸命に世話をしていました。

12

先生たちと考えを共有しておこう

1年生の子どもたちにとって、初めての給食に関わるエピソードです。

初めての給食は「カレー」でした。

私は子どもたちが早く給食当番ができるようになるために、初日から配膳に取り組ませようと考えていました。こぼしても大丈夫なように、台の上に新聞紙を敷いたり、「この当番ではどんなことをするのか」ということを説明したり、時間もたっぷり確保したりしていました。

いざ、給食の準備が始まると、職員室から副校長先生をはじめ、数名の先生がお手伝いに来てくれました。ただ、**子どもがするのではなく、先生たちがどんどん配膳をしていってくれた**のです。

感謝はしつつも、先生たちが配膳をしていくので、子どもたちが配膳をする機会が奪われていきました。最初は仕方ないと思いつつも、モヤモヤしていた気持ちがあったので、途中で、「すみません。子どもにもっと配膳をさせてください」と伝えましたが、断られました。

結局、初日の給食では子どもたちは配膳をほとんどすることなく終わりました。

放課後、納得がいかなかった私は、副校長先生に話をしに行きました。自分の思いや大切にしていることなどを伝えに行ったのです。

私がすべてを伝えた後に、副校長先生から言われたのは、「なぜ、初日の給食のメニューをカレーにしているのかわかるか」ということでした（当時勤めていた学校は、学校で給食を作っていました）。

そんな返答が来るとは思っていなかった私は、困惑しました。理由もわかりませんでした。副校長先生は言いました。

「初日にカレーを出しているのは、**給食が少しでも楽しいものだと感じてもらいたい。**だから、初日が特に大事なんだ」

確かにそう言われると、カレーが嫌いな子はあまり聞いたことがありません。

- みんなでワイワイ楽しみながら食べる
- みんなで同じものを食べる
- おかわりもたくさんしてほしい

といった経験から、給食は楽しい時間ということを実感してほしいという願いでした。

そんな経験も加えて、嫌いという話をあまり聞かない料理のカレーで、より楽しい時間にしたいという思いがあったのです。

そういった思いがあることを、私は気づいていませんでした。「もちろん、まんちゃん（私）の思いも大事だよ。でも、配膳の経験は明日からもできるでしょ。初日の経験は今日にしかできない」と、副校長先生は話を続けました。

前日にこの思いを知っていたら、きっと私の指導も変わっていたことでしょう。それぞれの先生たちは、それぞれ大切に思っていることがあります。

この出来事から、**改めて、先生たちがどのような思いを大切にしているのかということを共有しておく必要がある**ということを学びました。

時には「ここまではしないでほしい」「ここまではしてほしい」ということを、リクエストしたりする必要もあるでしょう。

自分にはなかった視点での大切にしたいことも見つかるかもしれません。

子どもを一人で育てることはできません。様々な人の関わりによってでしか、育てることはできないのです。

13

給食を残してもよい雰囲気を

もう一つ、給食に関するエピソードです。

1年生の味覚は本当に人それぞれです。大人が全然辛《から》くないと思っているようなカレーだったとしても、「辛い」という子もいます。

ある日、給食でキムチチゲが出ました。キムチチゲといっても全く辛くありません。多くの子が平気でバクバクと食べていました。しかし、山下さんは「辛い、辛い」と言いながら食べていました。

給食の時間が終わろうとしていたとき、山下さんはそのキムチチゲがまだ残っていました。「残すかな?」と思っていたところ、山下さんはなんと飲み終えた牛乳パックの中にそのキムチチゲを入れ始めたのです。入れ始めている山下さんはキョロキョロしており、怪しさ満点でした。そして、キムチチゲの入った牛乳パックをそのまま片付けようとしたのです。

その姿を見ていた私は、山下さんを呼び、「どうしてそういうことをしたの?」と聞きました。山下さんは「ごめんなさい」と何度も言い続けていました。

クラスの給食のルールとして、

「頑張って食べたけど、それでも残った場合は返却してもよい」

「苦手なものも一口は挑戦しよう」

「最初に減らしたい人は減らしてもオッケー」

ということにしており、それほど厳しいルールではありませんでした。山下さんには、「キムチチゲを牛乳パックに入れて返却するようなずるいことをしてはいけない。それなら、ルール通り残して大丈夫なんだよ。ずるいことをしたらダメ」

と話をしました。

私自身もずるいことをしたことの方がショックでした。山下さんは泣きながら、「ごめんなさい。もう二度としません……」と言いました。

しかし、そのときの様子、その後の時間の山下さんの様子を見ていて、何か自分の中でざわつくものを感じ、放課後、保護者に連絡しました。

お母さんからは、「先生、ごめんなさい。厳しく家でも言っておきます」という話があった上で、「うちの子、本当に辛いのが苦手なんです。実は先生、うちの子、本当は給食の時間が苦手みたいで……」ということを言われました。

別に保護者は、私の指導に対して怒っているわけではありませんでした。

しかし、改めて山下さんの様子を思い返しました。山下さんにとっては、「残食していてはダメだ」という大きなプレッシャーがあったのかもしれません。普段は完食をする子でした。嫌いな食べ物も頑張って食べている子でした。

だから、「嫌いな食べ物もよく頑張って食べているね」「いつも完食しているね」とよく褒めている子でした。そのような姿を連絡帳に書いて、保護者に知らせたこともありました。

もしかしたら、**私が何度も全体で山下さんのことを褒めていたため、「残したい」と言いづらくなったのかもしれません。**

そう言えば、山下さんは給食の時間中、「辛い、辛い」と私をチラチラ見ながら、言い続けていました。実は私にヘルプを求めていたのかもしれません。

そんな様子を見て、私は「今日も頑張っているね」と言っていました。自分の指導を振り返り、反省をしました。

次の日、山下さんに「ごめんね。先生、昨日気づかなかったよ」と謝りました。でも、山下さんは「先生、大丈夫！」と笑顔で返答し、その日の給食も嫌いなものを頑張って食べている姿がありました。

14

給食を食べる時間の確保を

給食の時間では、最後の五分間でもぐもぐタイムという時間を設定していました。このもぐもぐタイムはおしゃべりをせずに、しっかりと給食を食べる時間です。

しかし、このような時間を設定していても、なかなか給食の時間内に食べきり、片付けまで完了することができていませんでした。

1年生だから仕方ないと自分で言い訳をしていましたが、給食を食べきらない子が多いことに悩み、先輩の先生に給食の様子を見てもらうことにしました。

結果、様子を見ていた先輩からは、**「食べる時間が短すぎる。もっと時間を取りなさい」**と指摘されました。

準備や配膳に時間がかかり、十五分ぐらいしか時間を取っていませんでした。6年生とかであれば、この時間でもいいのかもしれませんが、1年生では短いということです。

先輩からは、**「最低二十分間は確保をしなさい」**とアドバイスをもらいました。

この時間を確保するために、何時から準備をスタートするのか、何時までに配膳を完了するのか、そのためにはどう効率的に準備をしていくのか、ということを考えるようになりました。

15

給食の量も個別最適に

「上村さん、お腹いっぱいになった？」

「うん。お腹いっぱい！」

給食を食べる量がいつもとても少ない、おとなしい上村さん。五百円玉サイズのご飯やおかずの量、汁物も少しで本人はお腹いっぱいになっていました。

大食いの私からしたら、信じられないほどの小食です。

家に帰っておやつを食べようとしているのか、好き嫌いがあって食べようとしていないのか、給食の味が本人の舌と合わないのかなどの理由も考えました。

保護者に連絡し、前述のようなことを聞いたところ、家でも同じような姿とのこと。おやつも食べることなく、少量で本人は満足しているのです。

おやつを食べるから、好き嫌い（好き嫌いは一口食べるルール）があるからといった理由を除いて、給食の量は個人個人違っていてもいいと思っています。

そこで私は**「給食を少なくしてほしい子」を事前に聞き、机の上に印を置く**ようにしました。印がある子どものところは、少ない量を配膳するようにし、さらに「いただきます」をした後も、さらに減らしてもいいというルールで、個別最適な給食の量になるように調整していったのです。

16

吐いても動揺しない

「先生、すげぇ……」

1年生の子どもたちはよく吐いてしまいます。体調が悪いときだけでなく、給食の食べ過ぎによっても吐いてしまいます。

誰かが吐いてしまった様子を見て、さらに吐いてしまったりする子もいます。嘔吐だけでなく、お漏らしをしてしまうときもありますが、大切なことは、**先生は大きなリアクションをせずに無表情で淡々と処理をする**ということです。

そんな私の様子を見て、冒頭のことを言っている子がいました。

吐いてしまった子、お漏らしをしてしまった子はとにかく不安でいっぱいです。体調の悪さに加え、まわりの目が気になります。きっとまわりの子は「どうしたの？」「汚い～」「きゃー」など、様々な反応をしています。

そんなときに、先生が「え⁉」という表情をしたり、大きなリアクションをしたり、「汚い～」と言ってしまったりしてはどうでしょうか（さすがに、「汚い」と言う先生はいないと思いますが……。心の中では思っている人はいるかもしれません）。

子どもはとにかく不安でしかなくなります。だから、先生が大きなリアクションをせずに無表情で淡々と処理をすることで、吐いてしまった子、お漏らしをしてしまった子は、「先生、片付けてくれている」「先生はまわりの子たちと違う」などと思い、安心感が生まれるでしょう。

「大丈夫だよ。心配することは何もないからね」というように、その子に言ってあげるとさらに安心感が生まれるでしょう。

処理をしている様子を見て、「先生、汚いと思わないの？」と質問してきた1年生がいました。

私は「うーん。汚いとかそんなことよりも、吐いてしまった子がしんどい思いをしている方が心配だよ」という返答をしました。

本音で思っていることを伝えたからか、質問した子も「そっか……。そうだよね。しんどい思いをしている子もいるよね」と納得していました。

吐いてしまった子、お漏らしをしてしまった子がいたとき、野次馬のように近寄ってくる子がいます。

そんな子に対しては、**「離れておきなさい」**とすぐに言います。

ノロウイルスが流行っているときなんかは、すぐに離すことが求められます。

そう言っても、離れない子がいます。そんなときには、

「あなたが先生の代わりをしてくれるの？」

「あなたができることはある？　ないよね？」

と事実を伝えるようにしています。

野次馬のように近寄ってくる子たちが話す内容によって、吐いてしまった子、お漏らしをしてしまった子が傷ついてしまう可能性があります。

……ここまで書いてきましたが、実は私は最初は大きなリアクションをとっていました。きっと「汚い……」と思ったことが表情にも出ていたのでしょう。「処理したくないなぁ……」とまで思っていました。

でも、不思議なもので慣れます（慣れるのがよいことかはわかりませんが……）。そして、そんな先生の姿を子どもはいつも見ているのです。

17

登校渋りをする子どもへの対応

1年生という時期は、登校渋りが起きやすいです。

ただ、登校渋りの原因は一つではありません。原因を聞いても、「よくわからない」と返ってくることもあり、先生も保護者も困ってしまうことがよくあります。

ただ、それぞれ原因が違ったとしても、**子ども自身が何らかの不安を感じている**ということは共通しています。

この何らかの不安をなくすと、登校渋りはなくなります。しかし、多様な理由、理由がなかったりするため、なかなかその不安が何かを把握するのが難しく、長期化してしまうことがあります。とにかく、

「先生は、あなたの味方だよ」

「先生は、あなたのことが大好きだよ」

「困っていることがあれば何でも言ってね」

といったメッセージを伝え続けるしかありません。

そして、**一人で抱え込むのではなく、保護者と協力し合ったり、他の先生にも協力してもらったりして、長期的に取り組んでいく**ことが大切です。

18

保健室は特別な場所と認識する

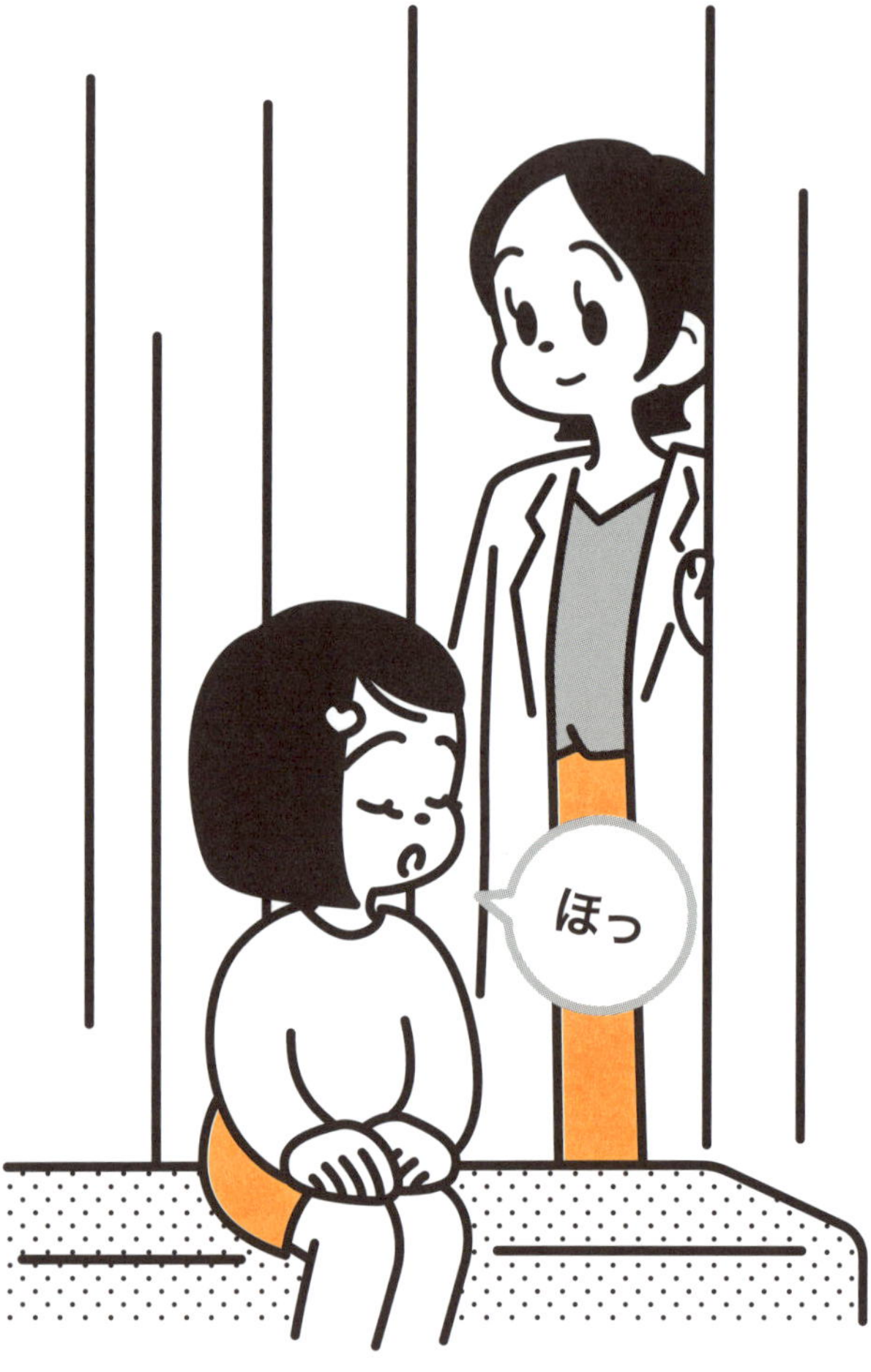

「マンタ君、保健室に行っていい？」と、一日何度も私に聞いてくる宮地さんがいました。

一学期で百三十回以上行っているような子でした。一日に何度も行っている子でした。

最初は、「怪我とかしんどくないと保健室に行ってはいけません」と指導をしていましたが、途中からその指導を変えました。

前項で書いたことにも似ていますが、保健室に頻繁に行くということは、

- 宮地さんには、**何か不安に思っていることがある**
- 宮地さんは、**授業がつまらないと思っている**

などの怪我などとは違う要因が考えられます。

つまり、教室がまだ宮地さんにとっては安心な空間になっていないと考えられます。本人とも何度も話をしましたが、本人はクラスに対して不安があるというわけではない、友達に対して不満があるわけではない、私が怖いというわけではない、授業も楽しいという話をしていました。授業中も誰よりも熱心に取り組んだり、発表も頑張ったり、休み時間は外で元気に遊んでいる子でした。

結局、何が理由なのかは、私も保護者もわからずじまいでした（本当は理由はあったのかもしれません。しかし、本人はそれを言ってしまっては……と思ったのかもしれません）。

授業がつまらないのであれば、面白いように改善すればいいですし、学級が落ち着いていないのであれば、学級が落ち着くように指導をしていけばいい。そのような場合は、保健室に行かせなくて構いません。しかし、宮地さんの場合は理由がわからなかったため、私はとても困っていました。

担任としてそのような空間になっていないということは、**指導力が足りていないと他の先生から見られるのではないか、まわりにそう思われているということは恥ずかしい**と、その当時は思っていました。

だから、先ほどのようなことを言っていたのです。しかし、その子のことを考えた結果、

「何か不安になったら、保健室に行っていいよ」

と言うように変えました。

もちろん、事前に養護教諭の先生とは相談をしました。宮地さんにとって、どのような指導がよいのかということを考えた結果、このようになりました。

- 怪我人がいるときは保健室に行ってもすぐに帰ってくる
- 保健室の扉が閉まっているときは帰ってくる（当時の勤務校は、常に保健室の扉を開けている学校でした）

- 先生と養護教諭の先生は連絡を取り合っているから、宮地さんの考えや悩みは二人も知っているようにする

というルールを決め、本人にも伝え、実行していきました。

とにかく養護教諭の先生とは、密に連絡や情報共有をしました。すると、宮地さんは保健室に行く回数こそあまり変わらなかったものの、保健室に行ってから教室に戻ってくるまでの時間が大幅に減りました。

保健室に少しでも行くことで、「ホッ」として、気持ちを切り替えて教室に戻ってきているようでした。宮地さんにとっては「気分転換の部屋」だったのかもしれません。宮地さんは2年生以降、保健室に行くことはどんどん減りましたが、悩みがあったときは養護教諭の先生に相談しに行っていました。

ある学校に勤めたとき、「あまり授業中に保健室に来させないでください」と言われている先生に出会ったことがあります。もちろん授業がつまらない、学級が落ち着いていないといった理由で行かせないようにすることはわかります。

しかし、この宮地さんの場合は違います。もしその学校で、宮地さんのような子どもがいたときには、きっと激論になったことでしょう。

19

トイレに行って教室からいなくなる子どもたち

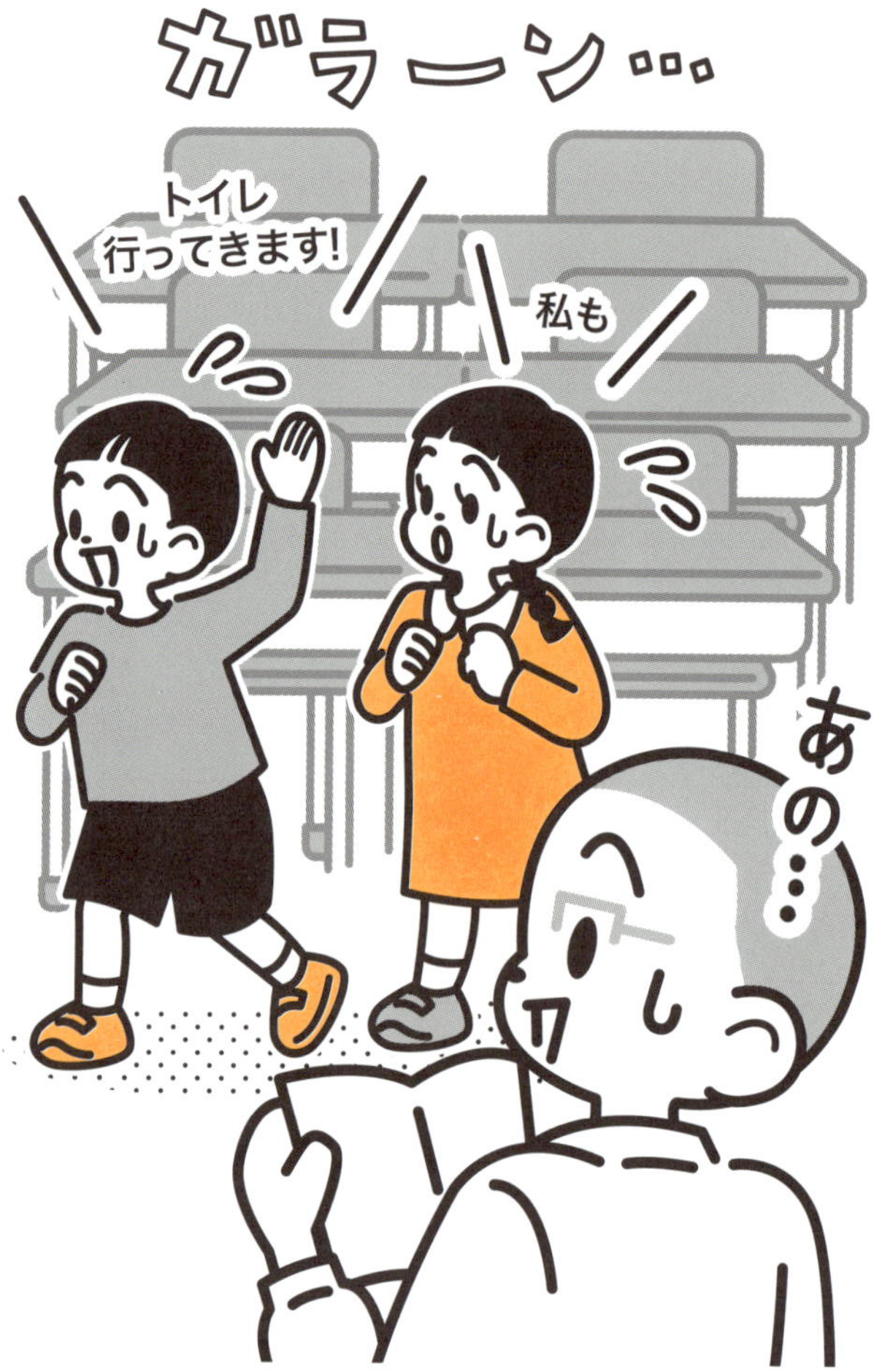

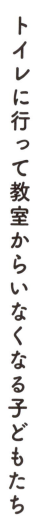

「トイレに行ってきていいですか?」

と授業中に言った子がいました。

もちろん、私は「どうぞ、行っといで～」という返事。

すると、「先生、僕も行きたいです」「私も行きたいです」と、トイレに行きたいリクエストがたくさん入り、結果、**半分以上教室から子どもがいなくなった**ことがありました。

その様子を見て、愕然としました。そして、多くの子たちはトイレから戻ってこないで、トイレで楽しそうに遊んでいました……。

このときの原因ははっきりしていました。

私の授業がとてつもなくつまらなかったのです……。当時の授業内容は覚えていませんが、「ひたすら先生の話を聞く授業」か「ひたすら子どもの発表を聞く授業」のどちらかだったのでしょう。

1年生の子どもたちにとっては、「自分」が活動する、「自分」が発表するといった、**自分が主語になる活動の時間**をきちんと設定することが必要なのです。

20 帰ってこない子どもたちを防ぐ仕掛け

「佐々木さん、もう三時間目が始まっているよ⁉　早く教室に帰ってきなさーい」

と、私は教室の窓から運動場に叫んでいました。

「どうして時間をちゃんと守ることができないの！」

と、一学期はよく子どもを叱っていました。

遊びに夢中になりすぎて、休み時間が終わっても帰ってこない子がいます。チャイムに気づかないこともあるかもしれません。「あと少しだけ、あと少しだけ」という思いから遅れてしまうのかもしれません。いずれにせよ、なかなか帰ってきません。

そこで「教室に早く帰りたい」と思わせるような仕掛けが必要です。私は、

- **絵本の読み聞かせ**
- **kahoot!**（カフート）

をしたりしていました。この二つは、子どもたちが大好きな活動です。

kahoot!は、休み時間の終了と同時にスタートします。そのため、休み時間終了五分前くらいからコードは示しておきます。もちろん、暑い日などはまずは水分補給をさせてからスタートするようにしておきます。

21

手紙を渡すのを忘れることへの対応

富田さん「先生、手紙を渡すのを忘れていました〜」
東村さん「先生、手紙を持ってくるのを忘れました〜」

保護者に配布物を渡すことを忘れたり、持ってくることを忘れたりする子がいます。そして、そういう子は大体同じです。

入学式で、お手紙ファイルを見てくださいとお願いしていても、保護者の皆さんもそれぞれ仕事があったり、用事があったりと忘れることはあります。

保護者を責めてはいけません。各家庭で手紙を出したり、持っていったりするルールは作ってほしいものですが、時間がかかるものです。そこで、

- **締め切りギリギリではなく余裕を持って、手紙を配布をする**
- **連絡をデジタル配信する**

といった、こちら側のできる限りの対策をしておきます。

特に、余裕を持って手紙を配布しておき、締め切り前日ぐらいに「明日締め切りになっています。お忙しいとは思いますがよろしくお願いします」と連絡帳などでリマインドを伝えておきます。

22

背伸びをしたがる子どもたちへの声かけ

「先生、タイピングを頑張りたい」
「先生、私その字も書けます！」
「先生、それをやってみたいです！」

1年生の子どもたちは、自分ができることは自分で何でもやってみたい年頃ですし、できそうでできないことには取り組んでみたい背伸びをしたがる時期です。

子どもたちが自分でやってみたいことや取り組んでみたいことは、できる限りさせていきたいところですが、時間がかかるという問題が起こります。

場面によっては待つこともできますが、待てないときや次に進みたいときもあります。そんなときには、

「ごめんね。今日はどうしても待つことができないの」
「○○分までは待つことができます」

と待てないことを告げたり、時間を制限したりします。**今回は待てない場合は、次回以降で待つ時間を設定すること**が大切です。そうしないと、「先生、口だけだな」と子どもたちは思うようになります。そして、時間を設定したのであれば、時間を延ばしてはいけません。

「先生、時間を延ばしてくれるんだ」と、そもそも時間を守らなくなります。

23

先生の顔色をうかがう子どもたちへの声かけ

「先生、私こんな（よい）ことをしました」

「先生、何か手伝うことはない？」

「先生、私○○さんを助けました」

「先生が話をしようとしているよ」

といったような、自分の言動をアピールしてくる子に出会うことがあります。

クラス全体で「○○さんがこんなよいことをしたよ」と紹介すると、それを真似して「私も頑張ったよ」とアピールしてくる子もいました。

こういった言動に対しては、「クラスのためによく頑張ってくれたね」「とても素敵な行動だったよ」と褒めてあげたらいいのですが、そのようなことを言う背景も気にしておかないといけません。

もしかしたら、このような子たちは、「先生の顔色をうかがっている子」なのかもしれません。

こういう子たちは、**先生に褒められたい、先生に認められたい、先生に叱られたくない**という思いがあるのでしょう。

学校に限らず、家庭でも普段から人の顔色をうかがう子ということが多いです。こういう子たちは、

- 本人が頑張っているにもかかわらず、あまり褒められる機会が少ない
- 本人が頑張っているにもかかわらず、あまり認められていない
- 本人が頑張っているにもかかわらず、よく叱られている

という背景があるのかもしれません。

私の経験では、家庭で様々なことに対して、厳しく言われている子に多いような気がします。

こういった先生の顔色をうかがう子は、**まわりからの目をとても気にして、精神をすり減らしながらも誰かにとっての理想の自分を演じ続け、その結果、あんなに活発に、元気に取り組んでいた子たちがガス欠してしまう**ということをよく見てきました。

ガス欠してしまった結果、学校に行くのを渋ったり、元気をなくしてしまったりしています。理想の自分がいて、その理想の自分を演じることに疲れてしまった可能性があります。

こういう子には、「いつもありがとうね」と伝える一方で、

「無理をしなくていいからね」

「もっと自分のことをしてもいいからね」

「もっとわがままになっていいからね」

といったことを伝えていました。

そして、一年間の中で、**居心地がよいと思えるような環境を学級でつくっていく**ことが大事です。

また、個人懇談などで保護者と話をする機会があるときには、「私の気のせいかもしれませんが、気になることがあります。○○さん、結構人の顔をうかがっているように見えることがあります。もしかしたら、私の経験上ガス欠してしまうかもしれません」

というような、心配しているというスタイルで話をしていきます。

決して、保護者を責めたいわけではありませんし、責めてはいけません。責めたときには、その反動が子どもに影響してしまうかもしれません。保護者もその子のことを思って、取り組んでいることが多いのです。

24

人の話を遮り、すぐに話し出してしまう子への声かけ

私「じゃあ、次はこの……」

石塚さん「わかりました。やります～」……

このような先生の話や友達の発表を遮ってしまい、すぐに話し出す子がいます。

1年生は自分がやりたい、話したいなどの気持ちが強いということは、これまでに書いてきましたが、やはり人の話を遮るということは、大人になっても失礼なことに当たります。

その子が遮ることによって、聞きたい情報を聞くことができない子がいるかもしれません。

だから、**「人の話を遮ることはとても相手に失礼です。やめましょう」**ということを、遮るたびに伝えます。

ただ、遮る子は同じ子です。何度も注意していると、また「○○さんが……」ということになります。だから、遮らなかったときには**「○○さん、よく我慢できたね～」としっかり成長を褒める**ことが大切です。

「言葉を我慢して、自分がしようと思ったことをし始めてもいいよ」ということも、私は子どもたちに伝えていました。これだと誰かに迷惑をかけることはありません。

25

「ごめんね・いいよ」は悪魔の言葉

（ケース1）

松田さん「私は○○で怒っている！」
山口さん「私だって……」
私「いつまでケンカしているの！　もうお互い様です。お互いに謝りますよ。お互い謝りましょう」
松田さん「ごめんね」　山口さん「いいよ」
山口さん「ごめんね」　松田さん「いいよ」
私「お互いごめんね・いいよと謝ることができて、素晴らしいです。これで仲直りしましょう」

（ケース2）

平岡さんと山下さんが叩き合いをしている。
私「叩き合うのをやめなさい。お互いに謝りますよ。お互い謝りましょう」
平岡さん「ごめんね」　山下さん「いいよ」
山下さん「ごめんね」　平岡さん「いいよ」

このケース1、2は途中の話し合いなどを飛ばしていますが、「ごめんね・いいよ」でトラブルを終わらせることがあります。数秒前まであれだけケンカをしていたのに、「ごめんね・いいよ」という言葉で子どもたちはお互いに謝ります。

こう見ると「ごめんね・いいよ」は、トラブルを解決する魔法の言葉のようですが、私からすると、**悪魔の言葉**です。

「ごめんね・いいよ」で解決するのは、そもそもそんなに大したことのないトラブルです。大抵の場合は、表面上で解決しているだけで、お互いに思っていることがあります。そして、そのまま家に帰り、保護者に話をして、保護者から連絡があり……。

トラブルのことが正確に保護者に伝わればいいですが、そうでないことが多いです。どうしても自分の都合のよいように解釈してしまい、伝えてしまいます。

とにかく、「ごめんね・いいよ」によって、さらなるトラブルへと発展してしまう可能性があります。だから、私にとっては悪魔の言葉なのです。

決して、「ごめんね・いいよ」とお互いに仲直りをしているのにどうしてトラブルをぶり返させるのか、みたいに思ってはいけません。子どもが悪いのではありません。「ごめんね・いいよ」という指導をした、こちらが悪いのです。

トラブルで大切なのは、**お互いに謝ることではなく、お互いに納得すること**です。そのためには、

・何が嫌だったのか、何があったのか、何が始まりなのか
・どんな気持ちだったのか

ということを、それぞれから聞くようにします。

お互い一緒には聞きません。一緒に話を聞くと、話が整理されていきません。

お互いに話を聞いた後は、トラブルについて、

・どこがダメだったのか、
・ここではこういう気持ちだった

ということを説明していきながら、お互いの話をさらに聞いていきます。

トラブルをすべて明らかにするというよりも、**お互いに何が嫌だったのかを明らかにしていき、相手に伝え、少しでも納得してもらうようにする**のです。

場合によっては、「先生もそれはダメだと思うよ」と、しっかり意見を伝えていくようにします。

26

ダメなことはダメと言う

トラブルは必ず起きます。トラブルが起きない学級なんかはありません。

前項では、解決して帰すのではなく、納得させて帰すということを書きましたが、何がダメなのかということをしっかり指導することは必要です。

なぜ、そんなことをしたのかということをじっくり聞きます。相手の話に共感しながら聞きます。しかし、どんなトラブルでも、どんな背景があったとしても、**ダメなことはダメ**なのです。

ダメなことがダメなはずなのに、子どもによってその基準が変わったり、ダメになっていなかったりすることに子どもたちは敏感です。すぐに気づきます。

そして、子どもたちは先生は「贔屓をする人」「人によって態度を変える」というように認定をし、先生の言うことを聞かなくなるでしょう。

言葉遣いによるトラブルも多いことでしょう。言葉遣いは、各家庭の影響がとても大きいです。だから正直な話、学校で乱暴な言葉遣いを完全に直すことは難しいです。

ただ、伝え方を知らないということもあります。だから、**「その言葉遣いだと、先生は傷ついてしまうな」**といったように、相手が傷つく基準を何度も伝えていくことが求められます。

27

「贔屓している」と言われたら大ピンチ

子ども「先生は松田さんだけ、依怙贔屓する」

子ども「先生は女子だけに甘い！」

こんなことを子どもたちから言われたことがあります。

別に依怙贔屓をしているわけではありません。特定の子に甘いわけではありません。「先生は依怙贔屓していません」「先生は甘いわけではありません」と言っても、子どもたちには、なかなか通じないことがあります。

このような言葉は、子どもたちからの**もっと先生に構ってほしい、先生と話をしたい、先生ともっと遊びたい**というメッセージなのです。

一緒に遊んだり、話をしたりすることも大事ですが、「おはよう」と声をかける、「何しているの？」と聞く、「面白いことをしているね」と話すといった、**小さな声かけを何度も何度もする**ことが大切です。

質より量なのです。

ですから、子どもたちから先のようなことを言われたときには、このような小さな声かけを何度も何度もしていきましょう。

28

友達と一緒に仲良く遊ぶことができない子への対応

友達と一緒に仲良く遊ぶことができない子に出会うことがあります。一緒に遊びに行ったものの、途中で教室に帰ってきたり、一緒に遊びに行ったものの、相手の子が「先生！」と怒ったり困ったりして帰ってきたり、そもそも遊びに行かずに教室で遊んでいたりする子たちです。

こういう子は、自分の遊びを相手に押し付けてしまうのかもしれません。相手に押し付けているという感覚が本人になくても、相手はわがままだと感じることでしょう。

こういう場面では、相手には**「無理に一緒に遊ぶ必要はないよ」**という話をします。しかし、これだけでは仲間外れになってしまいます。なので、本人に話をしていきます。本人には叱るというよりも、

「濱岸さん（相手の子）は、～ということが嫌だったみたいだよ」

「相手が嫌に思ったらアウトなのです」

ということを話します。

もちろん、その子の言い分や話は聞きます。**ちゃんと、その子の思いや話は共感すること**が大切です。

1年生の子どもたちは、まずは「自分がしたい」といった自分中心の世界観です。これは、発達段階を考えたときには仕方がないことです。だから、どちらが悪いとかはないということも考えられます。

相手に伝えないといけないことがあれば、

「本当は、○○さんはこういう気持ちだったよ」

ということを伝えます。**相手が理解してくれなくても、伝えることが大切**です。そして、先生も交えて一緒に遊ぶようにします。

遊んでいる中で、

「そういう言葉遣いはやめた方がいいよ」

「その言動はアウトかな〜」

「それは我慢しないといけないよ」

「そういうのが相手は嫌なのかもしれないよ」

といったように、どのようにすれば一緒に仲良く遊ぶための方法を教えていきます。

ただ、その都度言っていると、子どもたちは遊びが楽しくなくなってしまうでしょう。そして、「〇〇さんのせいで遊びが楽しくなくなっている」というように、マイナスな感情を抱いてしまうかもしれません。ですから、私は無理に一緒に遊ぶ必要はないとも考えています。

大事なのは、**その子が楽しく遊ぶ**ということです。そして、**相手のことをより知る機会が今以上にあれば、仲良くなれる**可能性もあります。

だから、「一緒に遊ぶことは今はやめたら?」という提案を相手にすることもあります。

さらに言うと、私はいつでも外遊びをしなさいとは思っていない人です。

教室で遊ぶことが好きな子もいます。「先生と一緒に外で遊ぼう」と言って、外に連れ出していくこともありますが、教室で遊んでいる子たちは教室で遊んでいる中でも人間関係づくりをすることはできます。

29

鼻をほじくる子への指導

鼻をほじくる子
ほじくったのを服につける子
鉛筆を舐めている子
鉛筆をかじっている子
指をしゃぶっている子……。

これまで私が出会ってきた子たちの中に、このような子たちはいました。他の子どもたちから見て、「下品」「汚い」「不潔」と言われる子たちです。

こういう子たちに出会ったときには、全体の前で注意をするのではなく個別に呼んで、**「あなたが○○していることに対して、汚いと思っている子がいるよ。だから、その癖を直した方がいいよ。こういうことで一緒に遊ぶのをやめようと思ってしまう子もいるのが事実」**という話をします。

「やめなさい！」と叱るのではなく、このように諭していくのです。

なぜなら、こういう子たちは癖になっているからです。無意識でしてしまっているときもあります。だから、すぐには直すことができないのです。

話をしたときに、「そんなことをしていない」と言い返す子にも出会ったことがあります。そういうときには、「嘘をつくのはやめなさい。先生は見ていました」というように注意することはせずに、「そうか。先生の見間違いかもしれないね。ごめんね。そういうことは他の子から見ると不潔、汚いと思ってしまうものね」というような言い方をします。

こういう行為は恥ずかしいこと、ということを子どもが認識している場合がほとんどです。きっとこれまでに家庭や幼稚園などでも直すように言われてきているのでしょう。注意されて恥ずかしいという思いから、このように言ってしまっている場合があります。ただ、言い返されたとしても、「先生も気づいているからね」ということが伝わればそれで構いません。

こういう行為について、他の子が言ってくる場合があります。その場合は、実際にその子がこれらの行為をしているということを自分の目で確認してから、指導をするようにしましょう。そのようなことを本当にしていないこともあるからです。なので個別に呼んで、前述のような話をしているときに、

「すぐには直らないと思う。もしかしたら無意識でしているかもしれない。だから、今度授

業中にそういうことをしていたら、○○さんのことを見てから、無言で首を横に振るようにするね」

という対処法の約束事も伝えておきます。

実際の授業で、無言でその子に目を合わせ、首を横に振ったときには、「先生、なんで横に首を振ったの？」と質問されたことがありますが、そのときには「内緒」とだけ伝えていました。

このように、できる限り個別対応をしたいのは、全体で指導をすると、「その子が下品、汚い、不潔なことをしている」ということを全体に知らせてしまうことになるからです。それが原因となり、いじめへとつながることもありえます。だから、できる限り、個別対応をしていきましょう。

30

子どもの大丈夫を信用するな

私「え！　渡辺さん、こけたの？　膝を擦りむいているね」

渡辺さん「大丈夫です。痛くないです！」

皆さんはこのような会話をした後、どうしますか。

私は絶対に保健室に行かせます。本人が嫌だと言っても行かせます。

子どもたちの「大丈夫」は、実際大丈夫ではないときがあります。だから、最終的に子どもたちが大丈夫と言っていても、その言葉を信用せずに、**大丈夫か大丈夫でないかは私自身が決める**ようにしています。

子どもが大丈夫と言っていても、擦り傷があれば保健室に行き、消毒をします。そして、帰宅するまでに「大丈夫？」と三回ぐらい声がけをするようにしています。

怪我に対しては、**過保護なぐらいの対応をする**ことが大事です。

過保護なぐらいの対応には何もありませんが、子どもの言葉を信じて、何も対応していないと保護者から連絡があるだけです。

31

迷子をなくすための6年生との取り組み

6年生「先生、高瀬さんが迷子になっていたよ」
私「あ！　教室に連れてきてくれたの？　ありがとう！」
高瀬さん「ありがとう」
6年生「いえいえ」
私「高瀬さん、6年生のお姉ちゃん優しいね」
高瀬さん「うん！」

前項で、自分の意思で帰ってこない子どもたちについて書きましたが、入学当初は自分の意思とは関係なく、学校で迷子になってしまう可能性があります。

例えば、自分の教室ではない掃除場所に行ったときや、休み時間で自分で学校探検をしているときに、迷子になってしまう可能性があります。

だから、迷子になることを防ぐために**早めに学校探検をしたり、6年生の子どもたちにサポートをしてもらったりすること**が大切になってきます。学校探検は2年生の子どもたちと取り組むところが多いでしょう。ただ、2年生の子どもたちとは今後も顔を合わせることはありますが、短期的な取り組みです。

一方で**長期的な取り組みとしたいのが、６年生の子どもたち**です。６年生の担任の先生にもお願いして、１年生と６年生とのペア学級をつくったり、１年生と６年生の子ども同士でペアをつくったりします（学校の取り組みで、そもそもこういう取り組みがあることも多いでしょう）。

そして、年間を通して、一緒に遊んだり、一緒に物を作ったり、一緒に掃除をしたりして、関わる機会を増やしていきます。

関わる機会を増やすことで、１年生と６年生が知り合いになります。自分のペアではない１年生も６年生はサポートをしてくれるようになります。１年生担任としては、６年生の子どもたちのサポートはとてもありがたいことです。

知り合いになることで、迷子になったり、怪我をしてしまったりしたときは助けてくれるようになります。休み時間にドッジボールや鬼ごっこを一緒に遊んだりしている姿も見られるようになります。

私が６年生の子どもたちを担任したことがあったり、よく知っているときには、

６年生「先生、高瀬さんが迷子になっていたよ」

私「あ！　教室に連れてきてくれたの？　ありがとう！」

高瀬さん「ありがとう」
6年生「いえいえ」
私「高瀬さん、6年生怖かったんじゃない」
6年生「怖くないよ（笑）」
高瀬さん「怖くない！　優しかった！」
といったユニークな会話をすることもあります。
1年生の子どもたちは自分のお兄ちゃん、お姉ちゃんができたかのように笑顔で一緒にいます。教室では見せないような表情を見せてくれます。
だから、定期的に**6年生の子どもたちへの恩返しとして、絵や折り紙で作ったメダルをプレゼントしたり、手紙を書いたりしていきたい**ものです。
そして、6年生にしてもらった様々なことは、この子たちが6年生になったときに、そのときの1年生にしてくれることでしょう。自分がしてもらったことを人にするという、恩送りをしてくれることでしょう。
まあ、そのような姿はまだまだ先の話ですが……。

32

水分補給は自分のタイミングで

水分補給は

自分のタイミングで

OK!

六月になると、**「水分補給をしたいときは、自分のタイミングでしても構いません。でも、前で誰かがお話をしているときや、ずっと飲み続けるとかはやめましょう」**ということを子どもたちに伝えます。

よく見かけるのは、教室の後ろに固めて置き、先生に指定されたタイミングや休み時間に飲む姿です。私のクラスではそうではなく、自分のタイミングで飲んでもよいため、子どもたちは机の上に置いたり、机の横にかけたりしていました。

ただ、机の上に置いていると水筒をよく落としてしまう子がいます。そういう子は机の横に水筒をかけさせます。

このようなことをすると、「学級崩壊する！」といったことをよく聞きますが、そんなことはありません。もし学級崩壊するのであれば、違う理由も含めた複合的な理由があるからです。これだけのことで学級は崩壊はしません。

もちろん、この場面で飲んだらダメでしょうというところで、水分補給をしてしまうことがあります。

そんなときは、「今は水分補給をする場面ではありませんよ」と教えたらいいのです。何度も伝えていると、子どもたちはきちんと理解してくれます。

33

暑い日の水分補給の声かけは何度も行う

休み時間、子どもたちは羨ましいくらい体全体を使って、熱中して遊んでいます。だから、教室に帰ってくると、シャワーでも浴びたのかなと思うくらい汗びっしょりです。

前項で、「水分補給は自分のタイミングで」ということを書きましたが、それだけでなく「しっかり水分補給をしましょう！」「みんな、お茶飲んだ？」と休み時間の後には声かけをします。

休み時間に限らず、暑い時期の体育や外での活動のときには、適宜水分補給をするように声かけをします。

「まんちゃん、何度も言わなくてもいいよ～」と子どもに言われたこともありますが、何度も声をかけるようにしています。「絶対飲みなさい！」と強いるときもあります。

なぜなら、**自分のタイミングだけに任せていると、「暑い」「喉乾いた」と言っているにもかかわらず、全然水分補給をしない子がいる**からです。とても不思議です。

保護者からは何度か「うちの子、全然水筒のお茶が減っていないんですけど……」と電話連絡があったこともあります。

きっと子どもは夢中になりすぎると、水分補給を後回ししてしまうのかもしれません。だから、何度も声かけすることが大切です。

34

まわりの子を怒らせていた子への指導

丹生さん「めっちゃ涼しかった～」

森本さん「またしようね」

休み時間が終わり、ウキウキで帰ってきた二人組がいました。その二人をよく見てみると、服がビショビショになっていました。夏の暑い日でしたので、汗かなと思いましたが、汗とは思えないくらいビショビショになっているのです。

二人を呼んで事情を聞くと、水道で水遊びをしていたことがわかりました。事情を聞き終えたぐらいで、同じクラスの数名の子が「二人に水をかけられた」という訴えがありました。さらには、他の学年の子たちも「二人に水をかけられた」と言いに来ました。

訴えてきた様子を見ていた二人は、「そんなことをしようとしていないし」「別に自分たちは悪くない」といったことを言いました。

そこでまず、私がこの二人に言ったことは、

「二人は何をしていたの？」

ということでした。一通り二人の話を聞いた後に、さらに聞いたことが、

「二人は他の人に水をかけようとしたの？」

ということでした。

すると、二人は即答で「かけようと思っていない！」という返答がありました。そこで、「そうだよね。かけようと思っていないんだよね。わざとじゃないんだよね。先生もそう思っているよ。

でも、二人が水遊びをしてしまったことで、濡れてしまった子がいるんだよ。他の学年の子が教室まで言いに来るなんて、あんまりないことだよ。それだけ怒っている子がいるんだよ」

と伝えると、子どもたちはバツが悪そうな顔をしました。私は言いました。

「どうする？　謝る？」

私の提案に二人は「謝る……」と言ったので、同じクラスの子にはその後すぐに謝り、違う学年の子たちには次の休憩時間に私も一緒に教室について行き、謝りました。そして、私も経緯を話し、「迷惑をかけてごめんね」と一緒に謝りました。

ここまでのことをしてから、二人には「水遊びをしたい気持ちはわかるんだけど、休み時間に水遊びをするのはやめようか」という指導をしました。

この指導は、「謝りなさい！」ということを前提にしたものではありません。二人は結果

としては謝っていますが、私が大事にしたことは、

- **何をしていたのか**
- **なぜみんなが怒っているのか**

を共有することでした。

トラブルの指導をしていると、「先生、○○してごめんなさい」と言う子に出会うことがありますが、その度に、**「先生に謝ってほしいとは思っていないよ」**と言っています。それよりも今回のように、**自分のしたことがどうだったのかを振り返る**機会になってほしいと考えています。

先生が、「〜ということをしたらダメです」「みんなに謝りなさい！」と言うことはある意味簡単なことです。でも、その子が納得しているかはわかりません。

それよりも今回のように、起こったことを整理して、その子たちに考えさせることの方が納得感が生まれるのではないでしょうか。

35

どんどんノートを使わせる

まだ習ってないので…

「●かい」

1年生では、ひらがな、カタカナ、漢字の三種類を学びます。三種類も学ぶって、なかなかすごいことですよね。

五月の国語の授業で、冒頭の「●かい」とノートに書いている子もいれば、「あかい」とノートに書いている子もいました。なぜ、そのようなことになるのでしょうか。これは、

- **学校で学習していない字は、●でノートに書く**
- **もう既に知っている子は、挑戦して書いてもよい**

というルールで、四月からとにかく子どもたちにノートを書かせていました。「●かい」はまだ「あ」のひらがなを学習していないため、このような表記になっていたのです。

このルールによって、誰でもノートに文字を書くことができます。場合によっては、●だらけになることもあります。それでも構いません。

ワークシートを使うとその分ノートを書く経験が減り、ノートを書けなくなるという信念で、子どもたちには指導をしていました。

たった三文字でも、子どもたちは書くことに時間がかかります。何度も消して、何度も書き直そうとする子もいます。とても愛おしい子どもたちの姿です。

36

四十五分座り続けさせない

1年生の子どもたちは、小学校に入学するまで、四十五分間椅子に座り続けるという経験がほとんどありません。それを一日六回繰り返すということは、子どもたちにとっては苦痛でしかありません。

まずは、**座り続けることができているということがすごい**、という認識を先生方は持ってください。

そもそも、先生方も職員会議でよい姿勢で四十五分間座り続けることは大変なはずです。大人でも大変なことは、子どもも大変なことなのです。これが原因で学校に行きたくないという話を聞くこともありました。

私は若いときには、「教室にずっといることが美徳」というように感じていたときがあります。また、「教室で座り勉強をしている＝学級が落ち着いている」というようなことを言われたこともあります。

しかし、決してそうではありません。一学期のうちは特に、**椅子に座る時間だけでなく、椅子から立ち上がる動きのある時間で授業を構成**してください。

例えば、立って音読をするだけでも子どもたちにとっては気分が変わります。私はよく、

- 一回目は北を向いて音読をする
- 二回目は東を向いて音読をする
- 三回目は南を向いて音読をする
- 四回目は西を向いて音読をする

といったことをしていました（1年生の子どもに東西南北は難しいので、一度読んだら右向け右をするように言っていました）。

一回目は立って音読する、二回目は座って音読する、三回目は立って……といったような動きもつけるようにしていました。起立をさせた状態で、黒板に字を書かせるといったことも動きのある活動になります。

生活科で、外に出て観察するといった活動を子どもたちは喜びますが、国語「くじらぐも」の単元では、

- 最初の十五分……音読の練習
- 残り三十分……運動場に教科書を持っていき、音読をする

という活動を必ずします。物語の世界観と相まって、子どもたちはとても積極的に取り組み

ます。

よく言われるのは、**「子どもの集中力は十五分しか持たない」**こと。だから、四十五分の授業を**十五分ごとの三つに区切り、それぞれ違う活動をする**というような授業構成もおすすめします。例えば、

- 最初の十五分……計算練習（フラッシュカードに取り組む）
- 次の十五分……その授業で取り組みたいこと
- 最後の十五分……練習問題（デジタルドリル）

などのように活動の中身を変えます。

十五分という時間は五分、十分に変わることもあるでしょう。活動の中身を変えることで、子どもたちはリフレッシュすることができます。

ただし、算数をしているのに読書をするといった、教科の違う活動は行わないようにしましょう。違う教科をすることで、逆に集中力が切れてしまいかねないからです。

37

指を使って計算することを禁止にしない

たし算、ひき算など、指を使って答えを求めようとする子どもたちに出会うことがあります。

いずれは、指を使って計算することは卒業させたいですが、「指を使って計算することをやめなさい」と指導するのは絶対にやめましょう。

指を使うことを認めつつも、指を使っての計算から卒業させるためには、たくさんの問題に取り組むことが大事だと考えています。しかし、ただ単に「問題を解きなさい」と言ったり、プリントを渡したりするだけでは子どもたちは取り組みません。

フラッシュカードを使ったりして、短時間で毎時間のように取り組んでいくこともいいですが、導入されているのであれば、デジタルドリルを使うといいでしょう。

特に、一問解くとコインを一枚ゲットできたり、モンスターが問題を解くことで成長していくというような、**外発的動機で取り組めるようなデジタルドリル**をおすすめします。

子どもたちは、コインをゲットしたいとかモンスターを成長させたいとか、算数の本来のねらいとは違うかもしれませんが、とにかく問題に取り組みます。半年間で五千問解いていた子もいました。この子も最初は指を使って計算していましたが、これぐらい問題を解くと指を使わなくなっていました。

38

足はペッタン、手は膝の上という聞く姿勢を信じるな

「足はペッタン、手は膝の上、話をしている人の方を向いて話を聞きましょう」と、話を聞く指導として私はよく言っていました。

しかし、足はペッタン、手は膝の上、話をしている人の方を向いているものの、明らかに妄想をしている丹生さんがいました。丹生さんに限らず、姿勢はできているものの話を聞いているの?と思う子は多くいました。

だから、私は足はペッタン、手は膝の上、話をしている人の方を向くという姿を信用していません。本当に聞いているかどうかはわかりません……。

私は、きちんとした姿勢をしているから聞いていると判断するのではなく、**聞いたことをしっかり表現させる**ようにしています。

「今、○○さんが言ったことをお隣の子に言ってみよう」
「今、○○さんが言ったことを同じようにお話しできる人はいるかな」
「今、○○さんが言ったことをノートに書いてみよう」

このように言って活動させることで、子どもたちの聞く力を高めていきました。すると、子どもたちも自然と聞く姿勢ができるようになっていきました。

39

1年生からスピーチをしよう

私が好きなところは、運動場です。
好きな理由は三つあります。
一つ目は、たくさん走ることができるからです。
二つ目は、みんなとドッジボールができるからです。
三つ目は、体育が好きだからです。
だから、私は運動場が好きです。

これは、「学校の好きなところは?」というテーマで、ある子が行ったスピーチです。時間でいうと一分ぐらいです。

私は1年生から**どんどんスピーチに取り組んでいきたい**と考えています。1年生からスピーチを行うことで、

- 人前で発表することに慣れる
- 論理的に説明できる

といった力がつくと考えています。さらに、

- モニターに写真や動画を映しながらスピーチをする

といった、子どもがタブレット端末を使う経験も積むことができます。

いきなり、四月からタブレット端末を使うことは難しいことでしょう。だから、**スピーチに慣れてきたら、次の段階でタブレット端末を使うスピーチ**へと移行すればよいでしょう。

さらに慣れてくると、スライドを作成して、取り組ませていくことができますが、**最初は写真一枚で十分**です。

スピーチというと、ＴＥＤとか、高尚なものをイメージしがちですが、１年生のスピーチはもっと簡易的なもので構いません。

そして、スピーチをさせるときには、

「私が好きなものは◯◯です。
好きな理由は三つあります。
一つ目は～
二つ目は～
三つ目は～
だから、私は◯◯が好きです」

ということを型として、子どもたちに与えます。

この型に当てはめて、考える時間を設けて、一日二人で取り組ませていきます。決して、「〇日からスピーチをするよ、考えておいてね」と丸投げをすることはさせません。丸投げでは、子どもたちはスピーチを考えてこないでしょう。

スピーチのテーマも大事です。次のようなスピーチタイトルだと盛り上がります。

- 一番好きな遊び
- 大好きな食べ物
- 好きな動物
- 将来なりたい職業
- 僕・私の好きな絵本
- 好きな色とその理由
- 一番好きなテレビ番組
- 好きなスポーツとその理由
- 僕・私の宝物
- 好きなキャラクター

40

文字の直しばかりで恥ずかしがる子への指導

金村さん「先生、私、お直しばかりで恥ずかしい……」

金村さんは、一生懸命に字を書くのですが、ひらがなでも、カタカナでも、漢字でも書き直しがある子でした。

お直しを一生懸命に取り組んでいたのですが、先生がお直し用で使う赤ペンはとても目立ちます。その赤ペンがたくさんあることが恥ずかしかったのです。

確かに、ひらがなやカタカナや漢字といった文字のお直しがたくさんある子は、いつも同じです。きっとこういう子たちは、ノートやプリントを返却されたときに、「まただ……」とテンションが落ち、お直しをすることが面倒だと思う子になる可能性があります。

そこで、私はあまりにもお直しが多い子には次のようなことをしていました。

- **お直しをするところを絞る**
- **余白部分に私が三文字のお手本を書き、それをなぞる**

また、赤ペンが気になるということで、**グレー色のペンを使ってお手本の字を書いている**こともありました。

グレーの上から丁寧になぞると、そのグレーの字が見えなくなります。書けたら赤ペンで丸をすると、お直しをしたということがわかりません。これで子どもも大喜びです。

41

子どもたちの言っていることがわからない

上村さん「これはこうで、それはそうで～」

私「?」

子どもたちの話を聞いていると、どうしてもわからないときがあります。そんなときにつ
いわかっているように演じてしまうときがあります。

しかし、場面によっては、わからないのであれば、「わからない」と子どもに言うことが、
実はその子のためにもなり、他の子のためにもなると考えています。

ただ、「わからない」とストレートに言うと、傷ついてしまう子もいます。だから、

「一生懸命に言ってくれたのはわかるんだけど、先生よくわからなかったの。もう一回言ってくれないかな」

と言うようにします。

それでもわからない場合は、「ごめん。先生わからない。わかった子、教えて」というように正直に言います。そうすることで、他の子が代わりに説明をしてくれたりして、少しでも理解度が上がることもあります。大人にはわからなくても、子ども同士だとわかることもあります。とても不思議なことですが……。

42

自分がわからないことを他人に知られるのが嫌な子への対応

1年生の子どもたちは、小学校六年間の中で一番挙手してくれる学年です。

しかし、日が進むにつれて、「挙手の量がどんどん減っていく」という悩みを聞くことがあります。挙手の量が減るのには、原因があります。

例えば、挙手をしない理由として、

- **そもそもの問題がわからない**
- **自分の考えに自信がない**
- **全体の場で発表することが恥ずかしい**
- **間違えた考えを発表したときには、すぐに先生に切り捨てられる**
- **過去に発表したときに、友達にマイナスなことを言われた経験がある**

といったことが考えられます。

こういった理由を一つずつ解消していけば、全員が挙手しようとする環境が生まれ、必ず「温かい・仲がよい学級」になっていきます。

さて、先の理由の中で注意したいのは、やはり「間違えた考えを発表したときには、すぐに先生に切り捨てられる」でしょうか。

例えば、9+4のたし算の計算の仕方を考えるとなったときに、「4を1と3に分けて、1

と9をくっつけて10、10と3で13」といった考えを出してほしいところを、「9、10、11、12、13だから13」と、想定していない数え足しの考えを出したときに、「こういう考えもあるよね。他の方法はありませんか？（別の方法ありませんか？）」と言いがちです。

このように言われると、子どもは、「あ……。先生の望む答えではなかったんだ」と思うようになります。

考え自体は間違いではありませんが、このように思ってしまい、先生が求める考えや答えを出そうと思うようになり、挙手する機会が減っていってしまいます。

だから、「他に」の言葉の代わりに、

私「（まだ他にも考えがある場合に）もうないよね？」

子ども「まだあるよ」

私**「まだあるの！　すごいね！」**

と言ったりします。時には、

「まだ○つあるよ。みんなで見つけてごらん」

と言ったりするときもあります。

また、もう一つ気をつけておきたいことが、「過去に発表したときに、友達にマイナスなことを言われた経験がある」ということです。

子どもたちは、できないことやわからないことが恥ずかしいのではありません。**自分がわからないこと・できないことを他人に知られることが嫌**なのです。

嫌な上、そのわからないことやできないことに対して、マイナスなことを言われるとともかく嫌な気持ちになってしまいます。一度このように言われただけで、もう二度と挙手なんかしたくないと思うかもしれません。

そう考えると「わからないんだけど」「できない！」と言える子は力がある子たちです。「わからない」と言えた子を「わからないと言えることは伸びようとしている証拠、素晴らしい！」などと価値づけたりします。

逆に、できないことやわからないことに対して、バカにしたような反応をしたときには、**「そのような反応は相手にとても失礼だよ！」**などと、厳しく言うことも大切です。

43

「忘れました」への返しを使い分ける

私「はい。清水さん」

清水さん「忘れました」

挙手をしていて、指名したにもかかわらず「忘れました」と言う子が一定数います。そして、そのようなことを言う子は大体同じです。

この子たちは、他の子が指名されて発表され、本当に自分の発表内容を忘れてしまっていることもありますし、とりあえず挙手をしている子もいます。

こういったときには、

- **「思い出したら発表してね」と少し時間をあけて再度当てる**
- **「思い出してごらん」と少し時間を取る**
- **「なんでやねん！」とツッコミを入れる**
- **「それは次は、なしだよ」と注意をする**

というように、言うことを使い分けます。

こういったことはいずれなくなります。だから、「ちゃんと発表しなさい」と叱っても意味はありません。わざとしているなというときは、「学びの妨げになっている」と、はっきり言うようにします。

44

見開き1ページを目安に音読しよう

1年生の音読では、「俳優のように気持ちを込めて音読をしよう」とする指導をよく見かけます。しかし、まずは、

- 正確に読む
- スラスラ読む

といったことが求められます。そこで、このような力をつけるために、**見開き一ページを1分で音読する**ということを目安にします。

音読の時間には、**タイマーをモニターに映しながら音読を練習する時間を取る**ようにしています。

この目安は、土居正博先生の『クラス全員のやる気が高まる！ 音読指導法―学習活動アイデア&指導技術―』（明治図書）を参考に設定しました。

見開き1ページを例えば、四十秒で読んでしまうときには、句読点を意識できていないことや、とにかく早口で読んでしまうといったことが起こります。また、1分を大幅に超えてしまうときには、正確に読めていないということになります。

子どもたちは、見開き1ページを1分で音読するという目安ができるため、その目標を達成しようと宿題の音読も熱心に取り組むようになります。

45

視写を取り入れよう

私は小学校現場で字を書くとか、計算練習をするとかといった技能を高める時間が多いとも思わないし、少ないとも思わないし、中途半端な時間の取り組みだと捉えています。

もちろん、数多くの計算問題を解かせた方がよいとか、何回もひらがなやカタカナや漢字を書く練習を機械的にさせたらよいというわけではありません。

私は「視写」の時間を多く設けていました。特別なプリントを用意するのではなく、**国語の教科書に出てくる説明文や物語文をもとに、ノートに視写をさせていました。**

視写をしていく中で、「」や「、」や「。」の使い方を教えたり、何度も確認したりしていきます。

子どもが使うノートをPDF化しておき、それをモニターに映し出し、そこに私も実際に書き込みます。最初は子どもと一緒に一マス一文字を書き、途中から子どもたちにどんどん自分のペースで取り組ませていきます。

私は問題文や説明文で視写をさせているため、すべてを書かせるというよりも、**10分でどこまで書けるのか**という意識で取り組ませていました。

毎回の国語の授業で、5分でも10分でもいいので継続して取り組ませていくと、子どもたちは書くスピードや文字の正確さなどが向上していきます。

46

プールの時間は楽しい遊びを行おう

1年生の子どもたちは、プールが苦手な子が多いイメージです。プールが苦手というより、**顔を水につけることや浮いたりすることに恐怖心を抱いている**子が多いです。

顔に水がつくと、何度も手で拭おうとしたり、ゴーグルを何度も直そうとして、言われた活動をしなかったりするのは、恐怖心を抱いている子です。

コロナ禍によって、幼少期に家族でプールや海などに行っていない子が増えており、そもそも水の中で活動する経験が足りていないように感じます。

皆さんの学校のプールがどのような高さになっているかはわかりませんが、**他の学年よりもプールの水位を下げておく**ということは必須です。水道代がもったいないとかは関係ありません。子どもたちの命にも関わってくる話です。

初めて1年生を担任したときは、とにかく子どもたちに「ルールを徹底」することを意識させました。プールサイドで少しでもお話をすると叱り、また「蹴伸び」や「ビート板を使って泳ぐ」といった技能面を重視していました。この学校では、5年生になると海で遠泳を行っていました。だから、1年生のときからある程度は技能を身に付けておかないといけません。

ルールを意識させることは安全面で考えると、とても大切なことです。誰かのふざけた行為によって、他人を危険にさらしてしまう可能性があります。

バディシステムはとにかく徹底させました。

もちろん、教員側で子どもたちの安全面を確認しておきますが、それに加え、子どもたち同士でも様子を確認しておくことで、少しでも安全性を上げることができます。

しかし、ルールを徹底することだけでは、水への恐怖心を解消させることはできません。

二回目に1年生を担任したときは、「ルールを徹底」することを大前提とした上で、

- 沈んだブロックを宝箱とみなして、宝探しをする
- 安全面をしっかりした上で、フロートから水中に飛び込む
- ビート板で泳いでみる
- 水中鬼ごっこをする
- ビート板を持って、ラッコになりきる
- フラフープをジャンプして、越える（イルカショーのイルカのように）

などの水遊びを学年で行いました。これらの水遊びのブースをいくつか作り、時間で交代し

ていく、それぞれのブースには先生が一人ついている、というようなシステムで行っていました。

水遊びなので、最初は恐怖心を抱いている子も時間が経つと夢中になって遊んでいました。夢中になっているため、顔に水がかかろうが、もうこのときには気にしていません。

単なる水遊びではいけません。**恐怖心を解消するための水遊び**、といったように意図的な活動を仕組んでいくことが大切です。

体育科の学習指導要領解説を見ると、低学年の水遊びは、「水の中を移動する運動遊び」及び「もぐる・浮く運動遊び」で構成され、ということが書かれています。

前ページで紹介している水遊びも恐怖心を解消するだけでなく、水の中を移動するということや、もぐる・浮くということも意図としてあります。

また、学習指導要領解説には、水中でのじゃんけん、にらめっこをはじめとした水遊びの例示も載っています。ぜひ、見てみてください。

『Aさせたいなら Bと言え』という本もありますが、直接的に苦手を解消させるのではなく、間接的に解消させることも有効な手立てです。

47

プールの時間はハプニングだらけ

しっかり者の佐々木さん。プールの時間が終わる頃に気づきました。佐々木さんの水着から何か白いものが……。

そうです。佐々木さんは下着を穿いたまま、プールに入っていたのです。

初めてのプールは、とにかくハプニングだらけです。私が初めて1年生を担任したとき、事前に「パンツを穿いたまま水着を着る子がいるからね」と、先輩から話を聞いていました。まさかそんな子はいないだろうと思っていましたが……。

プールに入る前には何度も説明や、(先生)「下着は脱ぎましたか?」、(子どもたち)「はい!」ということを、教室でもプールでも確認をしました(女子は女性の先生が)。にもかかわらず、下着を穿いたままプールに入る子がいます。悪気はないのです。他にも、

- 水着を着た状態で登校をしたため、下着を忘れる
- 水中でおしっこをしようとする

といったハプニングに出合ったことがあります。

子どもの様子を見ておき、何か子どもの表情が変わったな?と気づいたときには、ハプニングが起ころうとしているときです。

ハプニングには冷静に対応していきましょう。叱っても何も始まりません。

48

初めて通知表をもらう子どもたちへの言葉

一学期の終業式、子どもたちは初めて通知表をもらいます。これまで勤めた学校では、

- 所見だけ
- 「よい」「がんばりましょう」の二段階（基本的には三段階）

といった通知表でした。自治体によって、中身は少し変わることでしょう。

大事なのは、**通知表は成績を見るだけのものではない**ということです。

大体、終業式前には個人懇談会があります。そこでは、私はいつも保護者に通知表についての話をします（または、参観授業の後の学年懇談会で話をしていました）。

「通知表は、『よい』や『がんばりましょう』の数を見て、一喜一憂をするものではありません。通知表は自分が成長するために、どうしたらよいのかを考えるための材料です。いきなり、『「よい」や「がんばりましょう」の数はいくつだった？』『「がんばりましょう」、あった？』と聞くのはやめてください。子どもたちは、通知表を今後出しづらくなってしまいます。

まずは、子どもたちが通知表を持ち帰ったら、一学期『よく頑張ったね』と褒めてあげてください。

その上で、学習面で『がんばりましょう』の項目にチェックがついているものがあれば、
・どうして、『がんばりましょう』がついてしまったのか
・これからどんなことを頑張っていこうか
ということを、叱るのではなく話し合っていってください。

多くの場合、できないことがある、わからないことがあるといった、その学習の授業に集中できない理由があります。

理由を明らかにし、『このことを二学期は頑張っていこう』という方向の話し合いをしてください。

個人的には、学習面よりも生活面の方が気になります。生活面で『忘れ物がある』『当番の仕事をしない』などにチェックがあったら、『どうしたら改善できるのか』という方向の話し合いをしてください。

学習面より生活面の方がすぐに『がんばりましょう』から『よい』に変えることができます」

個人懇談では、どの項目に「がんばりましょう」がついているという話はしませんが、

「〜という理由で、〜というところはもう少し頑張ってほしかった。だから、二学期は〜という指導をしていきます」

というような形で保護者に話をしておき、

- **保護者が通知表を見たときに、あ！ 個人懇談で先生が言っていたことと一緒だ**
- **先生が言っていた理由をどうにかしないといけないな**

という状態になるようにしましょう。

また、子どもたちにも、通知表を渡すときには、

- 人の通知表は見ない
- 「よい」や「がんばりましょう」の数で一喜一憂することはやめる
- 自分がよりよく成長するためのもの

という話をしておきます。

49

1年生でもタブレット端末を使うことは大前提

1年生だからタブレット端末を使うことはまだ早い、というようなことを言われる先生に出会うことがありますが、もうそんな時代ではなくなりました。1年生でもタブレット端末を使う時代になりました。

もちろん、6年生のようにタイピングしたり、自由自在に使いこなしたりしていくわけではありません。

1年生では、

- **タブレット端末を起動する**
- **写真を撮影する**
- **動画を撮影する**
- **電子ファイルを呼び出したり、保存をしたりする**
- **画像を編集したりする**

などの基本的な知識や技能を身に付けるようにしておきます。

これなら、様々な授業場面で取り組むことができると思いませんか。経験を積めば積むほど、子どもたちは使えるようになります。

50

デジタル問題にどんどん取り組もう

「マンタ君、五千問したよ！」

「え！　マジで？」

ある日、丹生さんが私に言いに来てくれました。これは半年間でデジタルドリルの問題を解いた数です。

当時使用していたデジタルドリルは、問題を解決すると、コインをゲットすることができます。コインをゲットした分、モンスターが進化していくという外発的動機がありました。モンスターを進化させようと、子どもたちは雨の日や暑くて外で遊べないときなどの休み時間にもデジタルドリルに取り組んでいました。

そういった外発的動機だとしても驚きの問題数です。このときは、丹生さんだけでなく、ほとんどの子がこれくらいの問題数を解いていました。やはりこれぐらいの問題数をこなしていると、計算技能の力は高まっています。丹生さんはいつまでも指を使って計算したりするといった計算技能が低い子でしたが、高くなっていました。

皆さんの学級にデジタルドリルが導入されているのであれば、どんどん使っていきましょう。

私は、デジタルドリルのよさとして、

- **その子に合った問題に取り組むことができる**
- **これまで以上の問題数に取り組むことができる**
- **丸つけをしてくれる**
- **「待つ」時間が減る**

といったことを考えています。

今までのドリル学習は、学力差があるにもかかわらず子どもたちは同じ問題、問題数を解くことでした。しかし、デジタルドリルによって、それぞれの子どもたちの学力に応じた問題を出題してくれることになります。

そして、問題数もその子に応じた数へと変わっていきます。一問をじっくり解きたい子もいれば、数多くの問題にチャレンジし、力をつけたい子もいます。

これらのことを実現するためには、これまでは先生は多種多様な問題を用意しないといけなくなり負担が大きいものでしたが、それが解消されるのです。子どもにとっても、先生にとってもウィンウィンです。

デジタルドリルは、自動で丸つけもしてくれます。これまでは、みんな一斉で答え合わせをするか、先生が丸つけをするために子どもたちが並んだりしたりしていた教室が多かったのではないでしょうか。

しかし、みんな一斉で丸つけを行うときには、早く問題を解決した子たちが丸つけを行うまでの待ち時間が発生してしまいます。

先生が丸つけをするために子どもたちが並んだりしたりするときには、そもそも並んでいる時間がもったいないのです。この時間は無駄でした。

並んでいる間におしゃべりをしてしまう子がおり、「静かに待っていましょう」と注意をしても、数分間は静かになった後またおしゃべりをして、また注意という繰り返しがよく起こっていました。さらには横入り、順番などでケンカをしてしまうというトラブルもありました。

これらがデジタルドリルによって解消されます。**これまでの並んでいる時間が問題を解く時間**に変わるのです。

これまで丸つけによって把握をしていた、誰がどのようなところを間違えたのかは、そのデジタルドリル上で教師は見ることができます。そういった把握は容易になります。

51

子どもと視点を合わせよう

1年生の担任をしていると腰が痛くなります。

え？　私だけですか？

教室の前で椅子に座ったり、体育で話をするときは中腰になったり、机間指導をするときはしゃがんだりしていることが蓄積し、腰が痛くなるようです。

なぜ、このようなことをしているのかと言えば、**子どもと視線を合わすため**でした。

私は身長が一八三センチもあって巨体です。普通に立っていると、完全に子どもたちを見下ろす形になります。見下ろす視線とまっすぐ合う視線では、子どもたちの思いも異なります。

私は子どもたちの視線に合わせることで、

- **何に取り組んでいるのか**
- **何を見ているのか**
- **何に困っているのか**

を少しでも把握することができるのではないかと考えていました。

上から見下ろす世界と、子どもたちが見ている世界はきっと違います。ちょっとした違いかもしれませんが、そのちょっとした違いが大事なのです。

52

遠足のときは何度も振り返ろう

1年生を担任して初めての遠足。私は大きな失敗をしました。

なんと、**子どもたちを置いていってしまった**のです。

正確に言うと、私の歩幅は子どもの歩幅よりも大きいです。いつもの自分の歩幅で歩いてしまい、振り返ってみると、子どもたちが十メートルも後ろにいたのでした。

このときも自分なりには、ゆっくりめに歩いていました。しかし、こんなことになってしまいました。

このとき、「もっと速く歩きなさい」と指導をしてしまい、小走りをさせました。その結果、転んでしまった子がいて……。

私は自分本位の指導を大反省しました。そして、**こちらが思っている以上に時間がかかる**ということを意識するようになりました。

また、この出来事があってから**「何度も振り返るようにする」**ということを行い、そこで速度の調整を行うようになりました。さらに、**振り返ったときには人数確認や様子の確認**を何度も行うようにしました。

1年生のクラスを持ったら、まずは「何度も振り返れる」先生になろうと肝に銘じた出来事でした。

53
とにかく保護者の話を聞こう

放課後、職員室で仕事をしているときに、電話がかかってくると「自分かな？」とドキドキしたものです。「お願いだから、違う先生であってくれ」と願っていたときもありました。保護者からの電話連絡がないまま退勤したいと、毎日思っていました。同じような気持ちを抱いている人は多いのではないでしょうか。

ただ、保護者からの電話連絡があったときは、そのような気持ちを抱きながら聞くことはやめましょう。一度、保護者から「先生、なんか適当に話を聞いていませんか」と、自分の気持ちを見透かされたときがあります。そのような気持ちを抱いていると、電話越しでも相手に伝わってしまう可能性があります。

とにかく保護者の話を聞きましょう。

質問といった内容であればその場で解決していきますが、トラブルのような内容のときは、その場で解決というより、そのトラブルの全容を把握できるように、相手に話をしてもらいます。だから、まずは、

途中で話を遮ったりすることなく、話を聞きます。
自分の意見を押し通すのではなく、話を聞きます。

それはつらかったですねと共感しながら、話を聞きます。

「すみません、知りませんでした」と謝りながら、話を聞きます。

保護者からの電話連絡を苦情と思うことはやめましょう。子どものことを心配しているが故の連絡なのです。

保護者の中には、「学校への電話連絡＝学校への苦情」と見られたらどうしようと思う人もいます。学校への苦情と思われたら、わが子に何かマイナスの影響があるのではないかと思っていた保護者も過去にはいました。

その保護者には、「そんなことは思いませんし、しません。私たちをなめないでください」と言い返したことがあるのはよい思い出です……。

私たちは、子どもたちのことを百パーセント見ておくことはできません。私たちは、子どもたちのことを百パーセント理解することはできません。

見えていないところで、何か嫌な思いをしていたり、嫌なことをされたり、我慢をしていたりしたことがあるかもしれません。そういうことがあったとき、家で保護者につらかった思いを話すでしょう。

つまり、家庭からの電話連絡は、**自分の見えていないことを教えてくれる場**ということもあります。

話をすべて鵜呑みにする必要はありません。その話は一人の情報であるため、相手がいるのであれば、相手の話も聞いた上で動いていかないといけません。相手を叱るのではなく、相手からも話を聞きます。

だから、**「明日、改めて本人から話を聞いていいですか？　そして、しっかりと指導していきます。ご心配をおかけしてすみません。お時間をください」**と答えるようにしています。

このように答えたからには、次の日に動き出さないといけません。

ここで動き出さないと、中途半端な動きだったりすると、保護者からの信頼はガタ落ちです。

その日に解決できないようなこともあるかもしれません。でも、**先生が一生懸命に動いてくれていた姿を見せることが大事**です。

その様子は子どもに伝わります。そして、その姿を家庭でも話してくれることでしょう。

その話を聞いた保護者は安心するものです。

54

「家庭で叱ってください」で終わらない

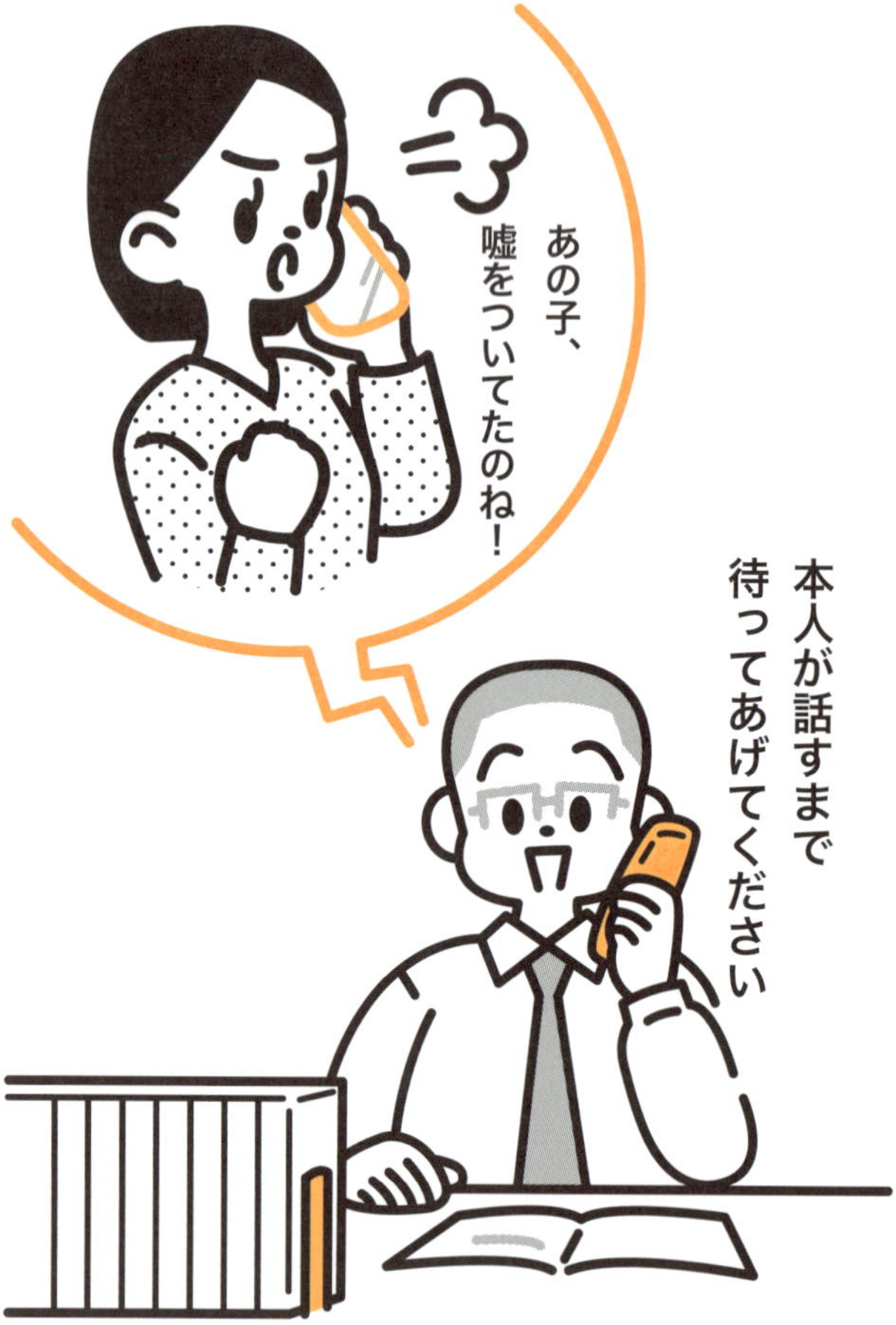
あの子、嘘をついてたのね！
本人が話すまで待ってあげてください

「水筒を誰かに落とされたと、うちの子が言っています」という連絡が保護者から来たことがあります。

水筒が壊れていることにびっくりした保護者からの連絡でした。ちょうど、電話連絡をしようと思っていたところでした。

実は、この水筒が机の上から落ちる瞬間を私は見ていました。

これは、誰かに落とされていたのではなく、自分で落としてしまったのです。だから、「はっきりと落とした瞬間を見ていました。これは誰かが落としたわけではありません。誰かがぶつかって落ちたわけでもありません。自分で机を移動させようとしたときに落としてしまったのです」と正直に伝えました。

前項で「とにかく保護者の話を聞こう！」と書きましたが、**はっきりわかっている事実ははっきりと伝える**ことも大事です。

伝えた後、保護者は「嘘をついていたということですね！」と怒っている様子が電話越しでも伝わってきました。普段から「嘘をつくことだけはやめなさい」ということを家庭でもよく話していたそうです。

この子にも理由があったのかもしれません。

壊したから家で怒られる、怒られたくないといった理由があったのでしょう。しかし、結果として、この子は嘘をついていることになります。保護者が怒るのも仕方ありません。

だから、ただ事実をはっきりと伝えるにしても、**「この子が嘘をついたので、しっかりと叱りましょう」**という結論にしてはいけません。

そういう結論にしてしまうと、きっとこの子は同じこと、もしくは形を変えて嘘をついてしまうようになるでしょう。嘘をあたかも本当のことのように思ってしまい、とてもリアルな話をしてしまうということは、1年生のときは多くあります。

このとき、私は次のような話を保護者にしました。

「おうちの人が怒っている気持ちはよくわかります。嘘をついてしまったことに対しては叱ってもよいと思います。

ただ、なぜ嘘をついてしまったのかということを、**優しい口調でしっかりと聞いてください。本人が話し始めるまで、待ってあげてほしいです。**

きっと嘘をつきたくて嘘を言ったわけではないと思います。**嘘をついた理由を聞いた後は、**

その理由について叱ることはやめてください。

もしかしたら、悩んでいることがあるのかもしれません。ストレスに感じていることがあるのかもしれません。

明日、私も学校でどんな話し合いをしたのか本人に聞こうと思います。そして、その理由を私と家庭で共有したいです」

私は二十代の頃、子どもが学校でよくないことをしたとき、家庭に連絡をして「家で叱ってください」ということを伝えていました。

保護者からすると、「学校のトラブルは学校で解決してよ」と思っていたことでしょう。決して、これは無責任発言ではなく、詳細まではわからないところがあるからです。子どもも先生が保護者に密告したと思うかもしれません。

もちろん、家庭と共有して、子どもの指導を考えていくことが求められるケースもあります。しかし、いつもというわけではありません。

叱って終わりではなく、これから先にどのように指導をしていけばいいのかを考える場でありたいものです。

55

電池切れになる子どもに気を配る

「うちの子、帰ってきたら電池切れのようになるんです。だから、宿題をするのに時間がかかって……」

このような悩みを、個人懇談会で保護者から相談されることがあります。

学校で体力を使い切ってしまうのでしょう。だから、「家では少しゆっくりしてくださいね」ということをよく言っていました。

確かに、休み時間をフルパワーで遊んでいれば、体力を使い切ることは当たり前です。しかし、まわりに気を遣ったり、みんなと同じことをしようとしたりして**メンタルを消費している**ということもありえます。

メンタルを消費するということは、まだまだ本来の自分を出せていないということが考えられます。集団行動なので、自分のすべてをさらけ出す必要はないのかもしれませんが、まだまだ、その子が**教室にいることが緊張状態**ということです。

だから、こういった相談があった場合は、教室がその子にとって少しでも居心地がいいように、心がけていきましょう。

56

宿題は誰のものかを考える

保護者「音読を聞かないといけないのはわかるんですが、仕事で帰るのが遅くなり……」

保護者から個人懇談会で相談を受けました。

「おおきなこえで」「まちがえず」などの視点で音読をして、保護者に音読カードにチェックをしてもらう、1年生では定番の宿題です。

しかし、これがどうしても難しい家庭もあることを忘れてはいけません。そこで、私は相談を受けたときには、

- **人形でもペット相手でも何でもいいので、誰かに音読をする**

ということに、ルールを変えたことがあります。

また、タブレット端末の持ち帰りをしていたときには、

- **音読の動画を撮り、その動画を見て、子ども自身で音読カードでチェックをする**

ということをしていました。

音読の動画は、週に一回送信してもらうという取り組みをしたこともあります。どちらの場合も、学校で練習をしてから、家でもしてもらっていました。

つまり言いたいのは、**サポートすることが難しい家庭もある**ということです。家庭が悪い、協力的ではないというように思うことは間違えています。

また、保護者から「先生、自学ノートって保護者の宿題なんですよ」と言われたことがあります。

自学ノートとは、自主学習ノートの略で、自分でその日にしたいことを決め、取り組んでくる家庭学習になります。

自学ノートは、二学期から取り組んだことがあります。先の言葉は、個人懇談のときに言われたのですが、皆さんはその意味がわかりますか。

子ども一人では取り組むことができず、保護者も一緒に取り組んでいるということです。自学ノートの場合、「何をするのか」というところから一緒に考え始めるということです。要は、**保護者の負担がとても大きい**のです。

1年生の子どもたちは、「○○をしようよ」と提案しても、「うーん……」となかなか納得しません。だからといって、「これがしたい!」というものもありません。そこから考えるため、保護者もイライラしますし、保護者の宿題というように捉えられてもおかしくありません。

このような状態にならないために、私は学校でどのようなことができそうかということを話し合ったり、私から**「こんなことができるよ」とアドバイスをしたり、今日はどのようなことに取り組むのかということを学校で決めたり**してから、帰宅させていました。

それにもかかわらず、先ほどの状態になってしまいます。

子どもたちと話し合ったテーマはプリントなどにして、自学ノートの最初のページに貼っておきます。貼っておくことで、情報の共有をすることができます。貼っている内容から家庭で選択することもできます。

これは自学ノートだけの話ではなく、夏休みに出すことの多い「自由研究」や「読書感想文」でも同様のことが言えます。

保護者丸投げで宿題を出してはいけません。保護者がたくさん手伝ってくれていることを忘れてはいけません。

そもそも、毎年出しているからという慣例主義ではなく、**本当にこれらの宿題は出す必要があるのかということを学年の先生方と検討しておく必要**があります。

1年生であるため、保護者に手伝ってもらうことは多いですが、保護者の宿題になってはいけませんし、子どもが一人で取り組んでいけるような宿題へとしていかなくてはいけません。

57

ひらがなが書けないのは誰の責任かを考える

「ひらがなが書けるように家で練習をしてください」

このように言っている先生に出会ったことがあります。このようなことを言う先生に、皆さんは違和感を覚えませんか。

ひらがなが書けないのは、誰の責任でしょうか。

学校でできないことは、すべては家庭のせいではありません。

確かに最近の子どもたちは、ひらがなをはじめ、様々な学習に先行的に取り組んできているることが多いです。でも、ひらがなは学校で学習します。カタカナは学校で学習します。たし算は学校で学習します。つまり、**すべて学校で学習する**のです。

だから、学校でひらがなを書けるようにしないといけません。そのために、本書でも紹介しているような視写をしたり、ひらがなの練習をしたりするわけです。

それでも、学校でできないことがあります。そういったときに、**家庭にお願いをして、連携して取り組むようにする**のです。家庭がすることが前提ではないということです。

文字を学校で練習するときには、問題が起こってしまいます。ひらがな、カタカナ、漢字といった文字の練習をするときに、個人差が生まれてしまいます。そんなときは、デジタルドリルに取り組ませたり、直しに取り組ませたり、持っている本を読ませたりしていました。
他にも私は、ひらがな、カタカナ、漢字のプリントの**余白部分に学習した文字を練習させる**ということをしていました。

とはいっても、空いているところに練習をしなさいと言っただけでは、書かない子もいます。

そこで、**一文字書くことができれば、一ポイントというルール**で取り組ませます。すると、子どもたちは「五十ポイント！」「百ポイント」と、とても積極的に取り組むようになります。

そして、プリントは字でいっぱいになります。大きい字もあれば、小さい字もあります。

余白のところに書く字は、字の綺麗さなどは置いておきます。たくさん書くことで、どの子も書けるようになるための経験を積むことができます。

「先生、なんでひらがなもカタカナも漢字も勉強しないといけないの？　覚えることが多すぎる！　海外に行きたい！」

ある日、子どもが漢字の練習中に叫んだ言葉です。

外国とは違い、日本ではひらがな、カタカナ、漢字と三種類の文字を学習します。さらにローマ字も3年生で学習します。

外国の場合、例えば英語など、欧米の言語は原則ローマ字ですし、中国語は漢字、韓国語はハングルといったように、他国と比べると日本はやはり学習する文字が多すぎます。

しかも1年生は短い期間でひらがな、カタカナをマスターすることが求められます。なかなかすごいことだと思いませんか。

子どもの中には鏡字になったり、うまく字が書けなかったり、文字を覚えることができなかったりする子もいます。こういう子たちが生まれてしまうことはある意味、仕方のないことだとは思いませんか。

つまり、何が言いたいのかというと、**長期的な目で指導をしていきましょう**ということです。

今は書けなくても、1年生の終わりに書けるようになっていれば、何も問題はありません。

58

学校の話をしてくれない子どもたちを減らすために

保護者「あまり学校の話をしてくれないんです……」

保護者「何度も質問して、子どもに鬱陶しがられます」

個人懇談でこのような悩みを打ち明けてくれる保護者は多いです。家で学校の様子をよく話す子、話さない子とはっきり分かれるみたいです。

私は普段、家庭で学校の話をしなくても構わないと思っていますが、**子ども自身が何か困ったときに保護者に悩みを打ち明けられるような関係**であってほしいと思っています。

そのためには、少しでも学校の話をしてほしいと思っています。だから、保護者に前述のような悩みを相談されたときには、

「今日の先生はどうだった？」

と子どもに聞いてください、と言うようにしていました。

自分のことを聞かれているわけではないので、話すハードルが下がります。子どもも「今日の先生は、給食をおかわりしていたよ」「ギャグを言ってすべっていたよ」と話をしてくれます。

子どもたちはとても細かいところまで見ています。先生をきっかけに、学校の違う話へと広げていくこともできます。

59

教師からのフィードバックで子どもは変わる

文字を小さく書いたり、絵を小さくかいたりする子がいます。もっと大きくかきなさいと言ってもなかなかかけるようになりません。そこで、

「紙からはみ出るようにかいてごらん」

「自分の（手の）パーより大きくかいてごらん」

といったような声かけをします。

小さくかいてしまう子どもたちは、文字を書いたり、絵をかいたりすることに自信がないのかもしれません。他の人に見られるのが恥ずかしいのかもしれません。

「大きくかけているね」

「元気よくかけているね」

「よく細かいところまで見てかけているね」

「一画目が上手だね」

何度も書き直している子には「何度も調整していてすごい！」といったように、子どもたちの表現物に対して、プラスな評価をし続けると、子どもたちは少しずつ大きくかいていくようになります。そして、少しでも大きくかけるようになっていたら、

「さっきよりも大きくかけているね、成長しているね」

「○○さんならもっとできる！」

「もっと成長していこう！」

といった小さな成長を見逃さずにフィードバックを入れていきます。

そのためには、子どもたちのよさを見つける力がこちらに求められています。

ただ、言語化が難しいのですが、子どもたちの表現物に対して、プラスな評価をし続けるから成果が出るといったスキルの話ではなく、**心の底からいいと思ったことを子どもたちにフィードバック**してほしいです。

そうでないと子どもたちは、**先生、心ではいいとは思っていないけど、とにかくいいと言っているな**ということを見破ります。見破ることで、先生への信頼感は落ちていきます。

「○○さん、本当にすご〜い」と声色を変えて、オーバーリアクションで子どもを褒める先生に出会うことがありますが、私は苦手です。本当に心の底から思っている？と思ってしまいます。この先生がプライベートでも同じようなオーバーリアクションとかであれば話は別ですが……。

私が1年生の子どもたちによく使っていた声かけの一部を紹介します。
- いいね！

- その調子！
- まだまだ甘いね
- 面白い発想しているね
- それ、先生も思いつかなかったよ
- 検索してもいいんですよ
- こう修正してみたら？
- こんな見方をしてみたら？
- 今何しているの？
- これってどういうこと？
- 先生に説明してくれない？
- ○○さんと話をしてみたら？
- とりあえずやってごらん？
- ほらできたでしょ？
- まとめてごらんよ
- 本当に素晴らしい

60

隙間時間で取り組むことができるアクティビティ

ちょっとした隙間時間、授業冒頭に子どもたちが楽しく取り組むことができるアクティビティを紹介します。

【算数じゃんけん】

①全員、立ちます。
②教師が、1から10までの数を指定します。例えば「7」
③二人組になります。
④二人で「じゃんけん」をします。
⑤「じゃんけん、ぽん」のかけ声で、「0〜5」の好きな数を指で出し合います。
（グーは0、指が1本なら1、チョキは2、指が3本なら3、指が4本なら4、パーは5）
（例えば、指が1本と指が5本なら「6」となります）
⑥お互いに出した指の数をたし算し、「7」になれば自分の席に座ります。
⑦「7」になるまで、③から⑥を繰り返します。
（7ではなく、出し合った指の本数の合計を先に言った方が勝ちというルールにしても盛り上がります）

【時刻ジャンケン】

①子どもたちの全員の時計の模型を八時に合わせます。
②八時からスタートします。
③二人組でじゃんけんをして、勝った人だけ時刻を一時間進めます。
④今の時刻を言い合います。
⑤②〜③を繰り返し、先に十二時になった方が勝ちです。
（何時間進めることができるのかというところを、三十分とかにしても盛り上がります）

【たし算・ひき算タイムアタック】

①子どもたちが持っているたし算カードやひき算カードを使います。
②1分間で何枚言えるのかを競い合います。
（毎日続けることで、枚数が増えていきます。枚数を増やしていこうと子どもたちは熱心に取り組みます。その中で計算力も上げていくことができます）

【プレッシャー読み】

①説明文の最初から一人で読み始めます。
②文を噛んでしまったり、詰まってしまったりと、スラスラ読めなくなった場所で読むのは終わりです。
③続きを違う人が読みます。
④②と③を繰り返し、すべて読み終えた段階で一番文章量が多い人の勝ち。
（クラスに吃音の子がいるときは取り組まないでください。何度も行うことで、噛まずに読むことができる文章量が増えていきます。噛まずに読もうと、子どもたちはアクティブに音読に取り組みます）

【一分間音読】

①全員、立った状態から始めます。
（タイマーは子どもたちに見えない状態にしておきます）
②自分が読みたい文章、もしくは教師が指定した文章を読みます。
③自分が一分間音読したと思ったタイミングで座ります。
④誰が一番一分に近かったか、教師から発表します。

おわりに

　私は2024年3月をもって小学校の現場を離れ、大学教員という新しい形で教育に関わることになりました。それ以来、週に一回以上、校内研究の講師という立場で様々な小学校や中学校を訪れ、子どもたちと日々向き合う先生方の姿に触れる機会をいただいています。どの学校でも1年生は無邪気で元気です。初対面の私にも話しかけにきてくれたり、お腹をツンツンしたり、坊主頭を触ったりする子もいます。

　現場で奮闘している先生方の姿を見るたびに、「先生」という存在の尊さを改めて感じるようになりました。この「尊い」という言葉が適切かどうかはわかりませんし、もっと適切な表現があるかもしれませんが、今の私の言葉ではこの気持ちを十分に伝えられないかもしれません。先生方は、毎日児童・生徒一人ひとりと向き合い、時に困難に直面し、時に成功を感じながら、粘り強く子どもたちと関わっています。授業がうまく進むこともあれば、思うようにいかないこともあるでしょう。人間ですから、時にはイライラすることもあるでしょうし、疲れ果ててしまうこともあります。また、心の余裕がなくなり、感情をぶつけてしまうこともあるかもしれません。しかし、そうした葛藤も、すべてが真剣に子どもたちと向き合っているからこその結果です。

私が言いたいのは、先生方が日々悩み、試行錯誤しながら教育に全力を尽くしていることへの敬意です。教育の現場は泥臭く、時に過酷で、理想通りには進みませんが、それでも教師という立場で子どもたちと向き合い続ける先生方は、本当に尊い存在です。皆さん、自信を持ってください。

本書に収めたエピソードには、できる限り私が現場で経験した失敗も盛り込みました。小学校教員としてのキャリアを振り返ると、「もっとこうすればよかった」「なぜ、あのとき気づけなかったのか」と思うことが数え切れません。

若かった頃には、余裕がなくてまわりが見えていなかったことも多くありました。しかし、それらの経験もまた、私にとって大切な学びの機会だったと感じています。本書が、読者である先生方の心の支えとなり、少しでも日々の教育実践に役立てていただけることを願っています。

樋口万太郎

【参考・引用文献】

・樋口万太郎『子どもがどんどん自立する！　1年生のクラスのつくりかた』学陽書房、2023年
・樋口万太郎『これから教壇に立つあなたに伝えたいこと』東洋館出版社、2021年
・樋口万太郎『「あそび＋学び」で、楽しく深く学べる 算数アクティビティ200』フォーラムA、2019年
・樋口万太郎・佐藤司『「あそび＋学び」で、楽しく深く学べる 国語アクティビティ200」フォーラムA、2020年

著者

樋口万太郎（ひぐちまんたろう）

1983年大阪府生まれ。大阪府公立小学校、大阪教育大学附属池田小学校、京都教育大学附属桃山小学校、香里ヌヴェール学院小学校を経て、中部大学現代教育学部現代教育学科准教授。

日本数学教育学会（全国幹事）、全国算数授業研究会（幹事）、授業力＆学級づくり研究会（副代表）、「小学校算数」（学校図書）編集員。小学校の先生向けオンラインサロン「先生ハウス」オーナー。

主な著書に『算数授業のカード実践』『これから教壇に立つあなたに伝えたいこと』『はじめての３年生担任　４月５月のスタートダッシュ』、編著に『イラストで見る 全活動・全行事の学級経営のすべて 小学校６年』（以上、東洋館出版社）がある。

1年生のクラスをまとめる 60のコツ

2025（令和7）年3月28日　初版第1刷発行

著　者　樋口 万太郎
発行者　錦織 圭之介
発行所　株式会社 東洋館出版社
〒101-0054　東京都千代田区神田錦町2丁目9番1号
コンフォール安田ビル2階
代　表　TEL 03-6778-4343／FAX 03-5281-8091
営業部　TEL 03-6778-7278／FAX 03-5281-8092
振　替　00180-7-96823
URL　https://toyokan.co.jp/

装幀・本文デザイン：etokumi 藤塚尚子
イラスト：kikii クリモト
組版：株式会社明昌堂
印刷・製本：株式会社シナノ

ISBN978-4-491-05769-9 ／ Printed in Japan